6・7・8月 保育の展開

- ●日案 …………………………………………………… 60
- ●【保育参加】 保護者が「1日先生」に ………………… 62
- ●【懇談会】 懇談会の進め方 …………………………… 63
- ●【季節の健康】 プールを安全に楽しむには ………… 64
- ●【季節の健康】 注意したい夏の病気 ………………… 65
- ●【散歩・防災】 夏の散歩と防災 ……………………… 66
- ●【トイレトレーニング】 スムーズな進め方と家庭との連携 ‥ 67

9月
●保育のポイント ……… 68　●月週案 ……… 70

10月
●保育のポイント ……… 72　●月週案 ……… 74

11月
●保育のポイント ……… 76　●月週案 ……… 78

12月
●保育のポイント ……… 80　●月週案 ……… 82

9・10・11・12月 保育の展開

- ●日案 …………………………………………………… 84
- ●【作品展】 製作も展示も楽しむ作品展 ……………… 86
- ●【おいもパーティー】 おいもパーティーで秋を満喫 ……… 87
- ●【季節の健康】 インフルエンザを防ぐために ……… 88
- ●【季節の健康】 季節の変わり目も健康に …………… 89
- ●【散歩・防災】 秋の散歩と防災 ……………………… 90
- ●【運動会】 運動会に向けた取り組み ………………… 91

1月
●保育のポイント ……… 92　●月週案 ……… 94

2月
●保育のポイント ……… 96　●月週案 ……… 98

3月
●保育のポイント …… 100　●月週案 …… 102

1・2・3月 保育の展開

- ●日案 …………………………………………………… 104
- ●【餅つき】 ぺったんぺったん餅つき体験 …………… 106
- ●【節分】 子どもに合った豆まきで鬼退治 …………… 107
- ●【季節の健康】 生活環境を清潔で安全に …………… 108
- ●【季節の健康】 冬から春にかけての感染症対策 …… 109
- ●【散歩・防災】 冬の散歩と防災 ……………………… 110
- ●【生活発表会】 劇遊びを発表会につなげる ………… 111

要領・指針の改訂（定）と指導計画

ここは押さえよう！ 改訂（定）のキーポイント

東京成徳短期大学 幼児教育科 教授　寺田清美
（厚生労働省社会保障審議会保育専門委員会委員）

　平成29年3月31日に「保育所保育指針」（以下、保育指針）、「幼稚園教育要領」（以下、教育要領）、「幼保連携型認定こども園教育・保育要領」（以下、教育・保育要領）が改訂（定）・告示されました。平成30年4月から新しい保育指針等に基づいて保育をするとともに、保育課程等の見直しが求められます。

　今回の改訂（定）で、3歳児以降では5領域のねらいや内容について大きな変更はありませんが、0・1・2歳児保育の視点から考えると、3歳未満児の保育の重要性が強調された改訂（定）だと言えます。

　また、保育の営み全体から考えると、保育所も「幼児教育を行う施設」であると明記され、教育要領や教育・保育要領と同じ「幼児期の終わりまでに育ってほしい姿」、幼児教育で「育みたい資質・能力」が示されました。保育所においては、「養護と教育を一体的に行う保育」とはどういうことかを、再度各園で捉えなおしていく必要があります。

　まず、教育要領改訂のポイントから見ていきましょう。

幼稚園教育要領の改訂ポイント

　教育要領改訂のキーワードは、幼児教育で「育みたい資質・能力」、「幼児期の終わりまでに育ってほしい姿」（10項目）、「カリキュラム・マネジメント」の3つです。このうち「資質・能力」と「10項目」は、言葉としては目新しいので何か緊張感を覚えますが、基本的に従来の5領域の「ねらい」「内容」を整理したものです。

point 1　幼児教育で「育みたい資質・能力」の3つの柱

　幼児教育で「育みたい資質・能力」は、
　（1）知識及び技能の基礎
　（2）思考力、判断力、表現力等の基礎
　（3）学びに向かう力、人間性等

の3つの柱から示されています。

　例えば、数名の子どもたちが積み木を高く積んでいくことに挑戦しているなかで、子どもたちは「自分たちの背の高さを超えよう」と、交代したりしながら、慎重に積んでいったりします。その土台には「どんどん高くな

〈幼児教育で「育みたい資質・能力」の3つの柱〉

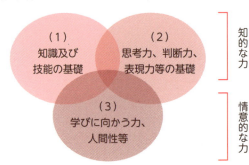

っていくことが嬉しかったり、楽しかったりして、意欲的に取り組んでいる」という心情や意欲（＝学びに向かう力）があるわけですが、少し深く見ると、その遊びのなかで「少しずれるとうまくいかない」という気づき（＝知識）が生まれ、「安定して積むためにはこうしたらいいのではないか」「レンガを積むように互い違いにしたほうがいいのではないか」という思考や判断が生まれています。そう考えると、幼児期の遊びのなかには自ずと幼児教育で「育みたい資質・能力」の3つの柱の内容が含まれているといえます。

point 2　幼児期の終わりまでに育ってほしい姿（10項目）とは

年長児後半に、遊びのなかで特に顕著に見られるようになる姿を10個の視点からまとめたものが、「幼児期の終わりまでに育ってほしい姿」です。これらは、5領域の「ねらい」「内容」を意識した保育実践を通してさまざまな経験・育ちが積み重ねられるなかで、年長児の後半から終わりに特に育ちが著しい子どもの姿を整理したものです。そのため、これまでの保育ががらりと変わるというよりも、子どもの姿を捉える視点がこれまで以上に整理されたものであると捉えるとよいでしょう。

point 3　カリキュラム・マネジメントの確立

これまで各園の保育理念や保育目標などを踏まえるとともに、5領域の「ねらい」「内容」と「子どもの発達」を踏まえて、教育課程（保育課程）が策定されていたわけですが、今回の改訂では、さらに幼児教育で「育みたい資質・能力」「幼児期の終わりまでに育ってほしい姿」をそこに取り入れて、指導計画関係の見直しをする必要があります。

発達を踏まえた「全体的な計画」から「年間指導計画」へ、さらには「月案・週案」へと「資質・能力の3つの柱の育ち」を意識しながらつながりをもたせていくとともに、目の前の子どもの姿からそれらの計画を見直して改善を図っていく営みが、「カリキュラム・マネジメント」です。そのため、これまで以上に、指導計画・保育実践・振り返り（評価）・改善のサイクルを意識することを通して、保育実践の質を向上させていくことが求められます。

〈幼児期の終わりまでに育ってほしい姿〉

保育所保育指針の改定ポイント

point 1　3歳以上児の教育の共通化

　保育指針の改定ポイントは大きく分けて5つあります。
　1つ目は「3歳以上児の5領域のねらい・内容」や「幼児期の終わりまでに育ってほしい姿」、幼児教育で「育みたい資質・能力」について、教育要領及び教育・保育要領との共通化が図られたことです。これは、教育要領改訂のポイントに書いた部分（4ページ）と同様ですので、そちらを見てください。

point 2　0・1・2歳児保育の記載の充実

　これは、具体的には「ねらい」と「内容」が「乳児（0歳）」、「1歳以上3歳未満児」、「3歳以上児」に分けて示されたことです。
　また、乳児の保育のあり方を5領域で示すのではなく、
・身体的発達に関する視点
　　　　「健やかに伸び伸びと育つ」
・社会的発達に関する視点
　　　　「身近な人と気持ちが通じ合う」
・精神的発達に関する視点
　　　　「身近なものと関わり感性が育つ」
という3つの視点で示していることが目新しいところです。
　1歳以上3歳未満児は5領域（健康・人間関係・環境・言葉・表現）で示されていますが、3歳以上児と同じ「ねらい」と「内容」というわけではなく、発達の特性を踏まえた「ねらい」と「内容」として示されています。さらに、「内容の取扱い」の項目が入り、配慮すべき点が示されましたので、カリキュラム作成や評価・省察のおりに、参考にしやすくなるかと思います。

point 3　「健康及び安全」に関する内容の充実

　近年の子どもを巡る社会環境の変化を見据え、「食育の推進」や「事故防止及び安全対策」「災害への備え」について、改善と充実を図っています。

point 4　「子育て支援」のさらなる充実を明示

　子どもの育ちを家庭と連携して支援していくという視点を明らかにし、保護者が子育ての喜びを感じられるように努めることが示されました。また、地域に対する子育て支援が重視されることに対応して、章の名称を「保護者に対する支援」から「子育て支援」へ改め、充実を図っています。

point 5　職員の資質向上

　「職員の資質向上」は、これまでの同じ名称の章をより充実させたものとなっています。「研修の実施体制等」という項目が新たに加わり、研修計画の作成や研修成果の活用について示されました。

保育所ではなかなか研修時間を確保することが難しいのですが、保育の質を向上させていくためには、各園でキャリアパスを見据えた研修計画を立てることと、そのための「学び合う文化」の構築が必要です。このことについて保育指針では「保育所全体としての保育の質の向上を図っていくためには、日常的に職員同士が主体的に学び合う姿勢と環境が重要であり、職場内での研修の充実が図られなければならない」とされています。

幼保連携型認定こども園教育・保育要領の改訂ポイント

教育・保育要領の改訂は、基本的に教育要領および保育指針の改訂（定）を踏まえて行われているので、教育・保育内容等についての改訂（定）内容は、前述の通りです。しかしながら、運営面については、認定こども園ならではの配慮すべき事項が示されています。

point 1 特に配慮すべき事項の充実

その1つは、「満3歳未満の園児の保育」と「満3歳以上の園児の教育及び保育」の連続性といった「発達や学びの連続性」の視点です。特に、2歳児クラスから3歳児クラスへの移行が課題になります。認定こども園の3歳児クラスには、それまでその園で過ごしてきた子どもがいる一方で、3歳児で入園して初めての集団生活が始まる園児もいます。そのため、遊びや集団の経験に差がある子どもたちが1つのクラスにいることになりますので、そのことに対する配慮が必要です。

もう1つが、一日の流れに対する配慮です。3歳以上児は、保育の必要度の違いによる「1号認定」「2号認定」の子どもの両方が在籍します。そのために生じる、一日の保育時間の差異（教育課程に係る教育時間とそうでない時間との差異）に対する留意事項などが明記されました。

point 2 「健康及び安全」と「子育ての支援」の充実

「健康及び安全」と「子育ての支援」については、新たに章立てをして、内容の改善と充実を図っています。

特に「子育ての支援」では、保育者の専門性を生かした地域の子育ての支援が求められています。

〈多様な育ちのある3歳児クラスには十分な配慮が必要〉

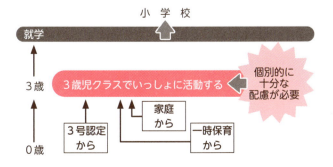

「指導計画」とは何か

単なる事前計画ではなく、評価にも必要

東京成徳短期大学 幼児教育科 教授　寺田清美
（厚生労働省社会保障審議会保育専門委員会委員）

🍀 「指導計画」の種類

●**全体的な計画**

　各保育所・認定こども園においては、どのように子どもを育てたいかがわかるように、その園における基本となる計画が策定されています。これを「全体的な計画」といいます。

　保育指針でみると、「全体的な計画」は、「子どもや家庭の状況、地域の実態、保育時間などを考慮」することや、「保育所保育の全体像を包括的に示すものとし、これに基づく指導計画、保健計画、食育計画等を通じて、各保育所が創意工夫して保育できるよう、作成されなければならない」と記述されています。

　この「全体的な計画」に基づいて、各年齢・クラスの指導計画を作成していく必要があります。

　また、特に3歳未満児については、「一人一人の子どもの生育歴、心身の発達、活動の実態等に即して、個別的な計画を作成すること」と保育指針に示されており、通常の月案や週案、日案などを作成する際に、一人ひとりの子どもに応じた「個別計画」をいっしょに立てる必要があります。

●**長期的な計画**

　長期的な指導計画は、「具体的な保育が適切に展開されるよう、子どもの生活や発達を見通し」て立てる必要があります。例えば、1年間の保育の見通しを立てた「年間指導計画」、1か月間の保育の見通しを立てた「月間

指導計画」（月案）などがあります。

●**短期的な計画**

　日案、週案などの短期的な指導計画は、長期的な指導計画に比べて、「より具体的な子どもの日々の生活に即した」計画となる必要があります。

🍀 「指導計画」の構成要素

●**年間指導計画では**

　「年間指導計画」の構成要素としてよく見られるものは、「保育目標（年間目標）」「（予想される）子どもの姿」「ねらい」「内容（経験する内容）」「保育者の援助・配慮」「環境構成」「家庭との連携」といった項目です。

　「保育目標（年間目標）」は、1年間でその年齢・クラスで育てたいことが示されますが、その他の項目は、数か月単位の「期」に分けて示されていることが多くあります。

●**月間指導計画では**

　「月間指導計画」（月案）の構成要素としてよく見られるものは、大きく分けて「クラス全体の計画」と「個別計画」です。

　「クラス全体の計画」には、「子どもの姿」「ねらい」「保育の内容（経験する内容）」「保育者の援助・配慮」「環境構成」「家庭との連携」などが、年間指導計画よりも具体的に、その月に対応した内容で記述されます。

　「個別計画」は、そのうち「子どもの姿」「保育の内容

「保育者の援助・配慮」「家庭との連携」といったことが、個々の子どもに応じて書かれます。

 ### 保育実践における「指導計画」の位置づけ

保育の営みには、「指導計画（Plan）→ 保育実践（Do）→ 振り返り・評価（Check）→ 次に向けての改善（Action）」といった流れがあります。そのため、指導計画は日々（あるいはその月）の保育実践を行うために事前に立てておく計画であり、保育実践後には、振り返って次への改善点を見出していくために必要なものなのです。

特に、保育は「ねらい」（保育者の意図・思い・願い）に基づいて行うものです。月案や週案などでは、その「ねらい」を立てるにあたり、年間指導計画などの長期のねらいから考える側面もありますが、目の前の子どもの興味や関心に基づいて考えていく必要があります。

そのため、保育指針では「保育内容等の評価」として次のことが示されています。

（ア）保育士等は、保育の計画や保育の記録を通して、自らの保育実践を振り返り、自己評価することを通して、その専門性の向上や保育実践の改善に努めなければならない。

（イ）保育士等による自己評価に当たっては、子どもの活動内容やその結果だけでなく、子どもの心の育ちや意欲、取り組む過程などにも十分配慮するよう留意すること。（以下略）

このように、「指導計画」とは、保育を行う前に立てる単なる計画ではなく、保育実践を通して子どもたちの育ちや、自らの保育内容などを振り返っていくためにも、欠くことのできないものといえます。

〈保育におけるPDCAサイクル〉

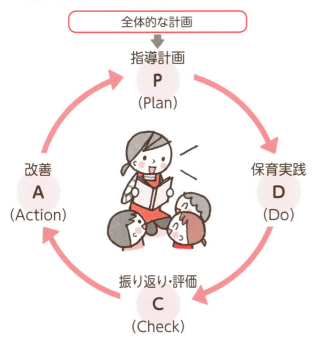

「指導計画」立案の手順と留意点

愛情豊かで応答性のある「指導計画」を

東京成徳短期大学 幼児教育科 教授　寺田清美
（厚生労働省社会保障審議会保育専門委員会委員）

立案の基本的な手順

園の「全体的な計画」を踏まえて、年間指導計画、月間指導計画（月案）、週案、日案などを立案していくわけですが、それらに示されている「ねらい」や「子どもの姿」などは、それぞれが関連し合っていることが必要です。日々の保育の営みを支える日案は週案と関連し合い、週案は月案、月案は年間指導計画、年間指導計画は「全体的な計画」とそれぞれ関連し合うことで、目の前の子どもの姿と、その園で育てていきたい子ども像とがつながるわけです。

次に、「年間指導計画」と「月案」を例に、立案の基本的な手順を考えてみます。

《年間指導計画》
1年間の発達過程を踏まえて設定

年間指導計画は、基本的に前年度までの年間指導計画を踏まえて修正を行い、目の前の子どもの1年間の育ちを見通して立案します。「保育目標（年間目標）」は、園の「全体的な計画」に示されていることと連動させたり、関連づけたりしながら、1年間の子どもの育ちを見通して考えます。年間指導計画は数か月単位の「期」に分けて示されることが多くありますが、各時期に育てていきたい「ねらい」は、新しい保育指針等に示されている「ねらい」を踏まえて、発達の過程に応じながら検討していくことが必要です。

そのため、年間指導計画を立案するためには、発達過程の理解が重要です。例えば、1歳児クラスでも年度当初は、月齢1歳でスタートしますが、1年の間に月齢は2歳になっていきます。そのため、1歳という発達を理解するだけではなく、1歳から2歳への移行という意識をもって発達の過程を理解することが必要です。

また、「ねらい」や「（予想される）子どもの姿」は、0歳児と1歳児クラスの場合、興味・関心の差だけでなく、発達の差も大きいので、「高月齢児」「低月齢児」の区分で分けることも多くあります。

また、「保育者の援助・配慮」「環境構成」「家庭との連携」は、1年間通じて同じというわけではなく、子どもの発達に応じた「ねらい」や「子どもの姿」によって変わります。また、新しい保育指針等の「内容」や「内容の取扱い」「配慮事項」を踏まえて考えていくことも必要です。

《月案（クラス全体）》
子どもの姿と関連づけて
ねらいや保育内容を考える

次に月案の立案について考えてみましょう。月案は、「クラス全体の計画」と「個別計画」の2つを考えてい

く必要があります。

「クラス全体の計画」には、「子どもの姿」「ねらい」「保育の内容（経験する内容）」「保育者の援助・配慮」「環境構成」「家庭との連携」などの要素があります。立案の基本的な手順は、クラスの「子どもの姿」を出発点として、その月の具体的な「ねらい」と「保育の内容」を考え、それに応じて「保育者の援助・配慮」と「環境構成」を考えていくという流れになります。

特に、立案にとって大切なのは「子どもの姿」をどう捉えるか（＝子ども理解）です。個々の子どもが興味をもっているものや遊びだけでなく、その子の育ちを理解することによって、その後の保育の方向性が決まってきます。興味をもっているものや遊びはそのまま継続していきながら、年間指導計画に示されているその時期の「ねらい」や「（予想される）子どもの姿」と関連づけて、その月の「ねらい」や「保育の内容」を考えていく必要があります。

さらに、それらに関連づけながら、保育室の物的環境などの環境構成は、「このままでよいのか」「変化させていく必要があるのか」「どのように変化させていくか」ということを考えていくことも必要です。

なお、「子どもの姿」は、「前月後半（最終週）の子どもの姿・様子」を書くことが多いですが、園によっては「その月に予想される子どもの姿」を記入する場合もあります。

 《月案（個別）》
個々の興味や発達の差を考慮

０・１・２歳児のクラスにおいては、クラス全体の計画とともに、個々の子どもに応じた個別計画の作成が重要です。個人の興味の差、発達の差が大きい時期だからこそ、個別計画は個々の子ども理解をしっかり行ったうえで「その子の姿・育ち」や「ねらいと保育の内容」「保育者の援助や配慮」などを書きます。個々に応じた計画ではありますが、そこに記載する内容はクラス全体の計画と関連づけられている必要があります。

立案の前におさえておく事項

　前項のような手順で指導計画を立案していきますが、その前提となるのは新しい保育指針等に示されている０・１・２歳児の発達の特徴や「ねらい」「内容」などです。新しい保育指針に示されている発達の特徴をおさえておきましょう。

 保育指針に示された発達の特徴

● ０歳児（乳児）

> 乳児期の発達については、視覚、聴覚などの感覚や、座る、はう、歩くなどの運動機能が著しく発達し、特定の大人との応答的な関わりを通じて、情緒的な絆(きずな)が形成されるといった特徴がある。これらの発達の特徴を踏まえて、乳児保育は、愛情豊かに、応答的に行われることが特に必要である。
> 〔保育指針 第２章の１の(1)基本的事項より〕

● １歳以上３歳未満児

> この時期においては、歩き始めから、歩く、走る、跳ぶなどへと、基本的な運動機能が次第に発達し、排泄(はいせつ)の自立のための身体的機能も整うようになる。つまむ、めくるなどの指先の機能も発達し、食事、衣類の着脱なども、保育士等の援助の下で自分で行うようになる。発声も明瞭になり、語彙も増加し、自分の意思や欲求を言葉で表出できるようになる。このように自分でできることが増えてくる時期で

あることから、保育士等は、子どもの生活の安定を図りながら、自分でしようとする気持ちを尊重し、温かく見守るとともに、愛情豊かに、応答的に関わることが必要である。
〔保育指針 第２章の２の(1)基本的事項より〕

　このように０・１・２歳児は、運動機能・身体機能とともに、情緒面、言葉、人との関わりの発達が絡まり合いながら大きく成長していく時期です。さらに「情緒的な絆」や「自分でしようとする気持ち」の育ちが保障される必要があります。そのためには、愛情深い、応答的な関わりが保育者に求められます。「保育者の援助・配慮」を指導計画に書く際には、これらのことを意識して書くことが必要です。

〈「視点」と「領域」の関係〉

0歳児（乳児）　　　　　　　　　**1歳以上3歳未満児／3歳以上児**

┌─ 3つの視点 ─┐　　　　　　　┌─── 5領域 ───┐
●健やかにのびのびと育つ　　　　　●健康　●人間関係
●身近な人と気持ちが通じ合う　　　●環境　●言葉　●表現
●身近なものと関わり感性が育つ

 ## 視点とねらい

●0歳児（乳児）

保育指針等に記述された0歳児（乳児）を見る視点とねらいは、次の通りです。

【健やかに伸び伸びと育つ】
①身体感覚が育ち、快適な環境に心地よさを感じる。
②伸び伸びと体を動かし、はう、歩くなどの運動をしようとする。
③食事、睡眠等の生活のリズムの感覚が芽生える。

【身近な人と気持ちが通じ合う】
①安心できる関係の下で、身近な人と共に過ごす喜びを感じる。
②体の動きや表情、発声等により、保育士等と気持ちを通わせようとする。
③身近な人と親しみ、関わりを深め、愛情や信頼感が芽生える。

【身近なものと関わり感性が育つ】
①身の回りのものに親しみ、様々なものに興味や関心をもつ。
②見る、触れる、探索するなど、身近な環境に自分から関わろうとする。
③身体の諸感覚による認識が豊かになり、表情や手足、体の動き等で表現する。

このように、各視点に3つずつの「ねらい」が示されています。

これらは、「感じる、興味や関心をもつ」という心情の育ちを土台として、「〜しようとする」という意欲の育ちへ、さらに「芽生える、表現する」といった行動（態度）の育ちへという発達を促すような「ねらい」となっています。

●1歳以上3歳未満児

1歳以上3歳未満児では、5領域で「ねらい」「内容」が示されていますが、0歳児と同様に「心情の育ち」を土台として、「意欲の育ち」「行動（態度）の育ち」のねらいとなっています。したがって、「自分でしようとする気持ち」を育てていくために、愛情豊かに子どもを受容し、応答的な対応を重視した「指導計画」を意識していくことが大切です。

再確認された「養護」の重要性

大妻女子大学 家政学部児童学科 教授　阿部 和子
（厚生労働省社会保障審議会保育専門委員会委員）

「養護」は保育所保育の基盤

　改定された保育指針の第1章「総則」の1「保育所保育に関する基本原則」(1)「保育所の役割」のイにおいて、「保育所は、その目的を達成するために…（略）…養護及び教育を一体的に行うことを特性としている」と記載され（下段左の引用文参照）、平成20年告示の保育指針の考えが引き継がれました。

　これまでの保育所保育の特性を踏襲しながら、さらに続けて第1章「総則」に、2「養護に関する基本的事項」という項目を新たに立てて（1）「養護の理念」を書き込んでいます（下段右の引用文参照）。また、平成20年告示の保育指針では「保育の内容」で取り扱われていた「養護に関わるねらい及び内容」を「総則」に入れています。そのことで、養護は保育所保育の基盤をなすものであると示し、その重要性を再確認しようとしたことに、今改定の保育指針の意思があります。

「養護」と「教育」の定義づけ

　「養護と教育が一体的に行われること」に関しては、最初の保育指針（昭和40年）から一貫していわれてきましたが、それが具体的にどのようなことを指すのかについては、あまり議論されてこなかったというのが正直なところだと思います。

　そして、平成20年の改定時に、養護と教育の定義がなされました。この時の保育指針の第3章「保育の内容」の前文に、

　「…（略）ここにいう『養護』とは、子どもの生命の保持及び情緒の安定を図るために保育士等が行う援助や

「保育所保育指針」第1章　総則
　1　保育所保育に関する基本原則

(1) 保育所の役割
ア　（略）
イ　保育所は、その目的を達成するために、保育に関する専門性を有する職員が、家庭との緊密な連携の下に、子どもの状況や発達過程を踏まえ、保育所における環境を通して、養護及び教育を一体的に行うことを特性としている。

「保育所保育指針」第1章　総則
　2　養護に関する基本的事項

(1) 養護の理念
　保育における養護とは、子どもの生命の保持及び情緒の安定を図るために保育士等が行う援助や関わりであり、保育所における保育は、養護及び教育を一体的に行うことをその特性とするものである。保育所における保育全体を通じて、養護に関するねらい及び内容を踏まえた保育が展開されなければならない。

関わりである。また、『教育』とは、子どもが健やかに成長し、その活動がより豊かに展開されるための発達の援助であり、『健康』、『人間関係』、『環境』、『言葉』及び『表現』の五領域から構成される。…(略)…保育の内容は、子どもの生活や遊びを通して相互に関連を持ちながら、総合的に展開されるものである」とあります。

ここで初めて、養護と教育がそれぞれに明確に定義され、養護および教育が一体的に行われることが明記されたのです。

「養護」と「教育」が定義された意味とは

養護と教育がそれぞれに定義されたことにより、それぞれが何を指すのかについてわかりやすくなりました。

しかしその半面、「一体的に行う」ということの解釈がさまざまになされたように思います。

例えば、養護は年齢の低い3歳未満児の保育であり、教育は3歳以上の保育をいい、6年間で養護から教育へと移行していく、という解釈がありました。

また、平成27年から施行された幼保連携型認定こども園教育・保育要領において、「教育及び保育を一体的に提供する」というようにその施設の目的を明記されたところから、教育と保育の時間が別にあると錯覚したり、その延長線上で、保育を行う保育所には教育がないと思っている人も少なからずいます。

これらは誤った解釈なのですが、明確な定義や説明の機会もなかったために、このようにそれぞれの園や保育者によって独自の解釈が行われるようになりました。

これらの錯覚や曖昧な考えを払拭するために、今回の

〈平成20年改定の保育指針による養護と教育の定義〉

改定では、しっかりと総則に「養護及び教育を一体的に行う」のが保育所の特性であることを示し、さらに、乳幼児期の子どもの教育は子どもの生きることに対する安心感や命が脅かされないことと一体となっているのだ、ということを保育指針は主張しているのだと思います。

 養護と教育を「一体的に行う」ということ

それでは、「一体的に行う」とはどういうことかを、今回の保育指針をもとに考えてみます。

17ページに、今回の保育指針の第1章「総則」1「保育所保育に関する基本原則」の（3）「保育の方法」から一部を抜粋しました。

これを見ると、子どもが安心して自己を十分に発揮し、生活や遊びを通してさまざまな体験をする（学び）ために保育者がすることとして、

・子どもの主体としての思いや願いを受け止める
・子どもの生活のリズムを尊重する
・一人ひとりの発達に応じて関わる
・子どもが自発的・意欲的に関われる環境を構成する

というように、子どもの生活や遊びを通しての経験の蓄積と、そのための保育者の関わりや配慮・気配りなどが、セットになって表現されています。

また、教育は「働きかける側（保育者）が意図的に、働きかけられる側（子ども）の能力などを向上させようとして行う」ということを核としたものであると考えられますが、ここで、働きかけられる側である子どもに焦点を当てて、教育ということを考えてみます。

「働きかける側」がどのようによいことと考えても、それがそのまま子どもに伝わるとは限りません。伝わらなければ、「教育」があっても「学び」がないということが起きてきます。学び手（子ども）がよくなろうとして行動するところに、「教育（働きかける側の意図）≒学び（働きかけられる側の意図の受け取り）」が起きるのであり、「教育＝学び」ではありません。

この教育（働きかける側）と学び（働きかけられる側）の間に、働きかける側の養護的側面（情緒の安定が安心感につながること）が位置づけられているのではないかと思います。この関係性が「養護と教育が一体的に行われる」ということなのではないでしょうか。

 ## これからの保育で求められること

　この、教育と学びと養護の関係性から、子どもと保育者の関わりを「教育的関わり」と「養護的関わり」の側面から見る必要が生まれます。実践においては、それらが一体となって展開されていることを再確認するとともに、保育所保育で大切にしている「養護と教育を一体的に行うこと」の具体的な内容を、実践に即して言葉にしていくことが重要になります。

　それには、日々の保育のなかで、または園内研修などの機会に、保育者同士で話し合ったり、「養護と教育を一体的に行うとは」ということについて話し合う機会をつくったりすることが大切になってきます。保育での子どもの様子について、1つの場面を養護と教育の側面から話し合ったりして、養護と教育の捉え方について保育者同士でそれぞれの考えを意識的に言葉にできるよう、さまざまな工夫ができるとよいのではないでしょうか。

「保育所保育指針」第1章　総則
　1　保育所保育に関する基本原則

（3）保育の方法　より抜粋
ア　（略）…子どもが安心感と信頼感をもって活動できるよう、子どもの主体としての思いや願いを受け止めること。
イ　子どもの生活のリズムを大切にし、…（略）…自己を十分に発揮できる環境を整えること。
ウ　（略）…一人一人の発達過程に応じて保育すること。その際、子どもの個人差に十分配慮すること。
エ　（略）…集団における活動を効果あるものにするよう援助すること。
オ　子どもが自発的・意欲的に関われるような環境を構成し、子どもの主体的な活動や子ども相互の関わりを大切にすること。特に、乳幼児期にふさわしい体験が得られるように、生活や遊びを通して総合的に保育すること。
（以下略）

本書の指導計画について

本書の指導計画は、執筆園の保育をモデル化したものです。指導計画立案などのご参考にされる際は、貴園の所在地域や子どもたちの実態に合わせて、ご使用ください。

1. 年間計画

園の全体的な計画などに基づき、子どもの発達過程を踏まえて、2歳児クラスの一年間で育てたい「子どもの姿」や保育の「ねらい」などを見通して作成しています。

○子どもの姿
子どもの発達過程と園の全体的な計画などを踏まえて、その時期によく見られる「子どもの姿」を示しています。

○年間目標
園の全体的な計画等を踏まえ、2歳児クラスの一年間で育てたい子どもの姿を念頭に、保育の方向性を目標として記載しています。

○「期」の分け方
指導計画執筆園の全体的な計画などに準じて、4期に分けています。

○CD-ROMの階層
付属CD-ROMに収録された、本ページのデータの階層を表しています。

○ねらい
子どもの姿を踏まえ、育てたい子どもの姿や保育の意図を、その期の「ねらい」として掲げています。
「ねらい」とその下の「内容」の欄は、保育者側の見方の参考として、養護面（◇）と教育面（◆）をマークで表示しています。

○内容
「ねらい」を達成するために、子どもたちに経験してほしい活動や遊びを挙げています。

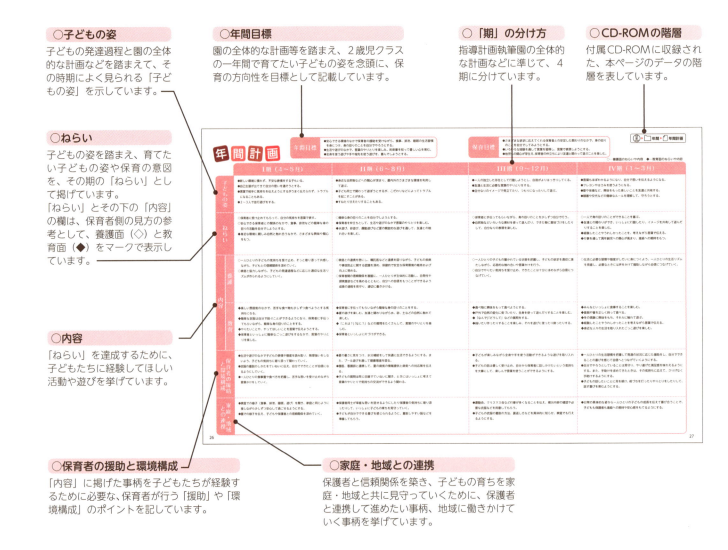

○保育者の援助と環境構成
「内容」に掲げた事柄を子どもたちが経験するために必要な、保育者が行う「援助」や「環境構成」のポイントを記しています。

○家庭・地域との連携
保護者と信頼関係を築き、子どもの育ちを家庭・地域と共に見守っていくために、保護者と連携して進めたい事柄、地域に働きかけていく事柄を挙げています。

○掲載している「年間計画」の種類
　上記の「(保育) 年間計画」(26ページ) のほか、
　　◎「食育年間計画」(28ページ)
　　◎「保健年間計画」(30ページ)
　　◎「防災・安全年間計画」(31ページ)
を掲載しています。

2. 子どもの姿と保育のポイント

各月のトップページには、年間計画・子どもの発達過程・季節などを踏まえて、その月に見られる子どもの姿と、クラスを運営していく際のポイントをまとめています。このページで、その月の保育が見渡せます。

○今月の保育ピックアップ
「今月のテーマ」に沿った活動、また改定（訂）された保育指針などで新たに示された視点で、その月に経験してほしい活動などを取り上げ、そのための環境構成、保育者の援助などを表示しています。

○今月のテーマ
その月の中心となる活動やその意図を「今月のテーマ」として設定しています。

3. 月週案

年間計画の「期」を踏まえて、その月の2歳児クラスの子どもの姿を見通しながら、ひと月を前半・後半に分けた計画にまとめて作成しています。

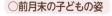

○前月末の子どもの姿
前月の終わり頃に見られるクラスの子どもたちの様子を示しています。

○今月の保育のねらい
前月末の子どもの姿を踏まえて、年間計画に示されたその時期のねらいを見据えながら、今月のねらいを立てています。

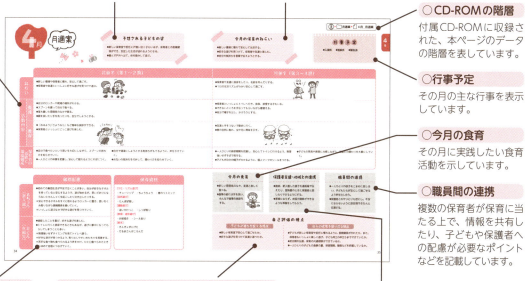

○養護と教育
「活動内容」は、点線で「養護」と「教育」に分かれています。これは、保育者側の見方として2つの面を意識した表記上の区分けで、子どもの活動が2つに分類されるわけではありません。

○CD-ROMの階層
付属CD-ROMに収録された、本ページのデータの階層を表しています。

○行事予定
その月の主な行事を表示しています。

○今月の食育
その月に実践したい食育活動を示しています。

○職員間の連携
複数の保育者が保育に当たる上で、情報を共有したり、子どもや保護者への配慮が必要なポイントなどを記載しています。

○個別配慮
発達の個人差などを考慮して、個別に必要な配慮事項を記載しています。特に4・5月は、新入園児と進級児への配慮を取り上げています。

○自己評価の視点
当月の終了時に「評価」を行う際の視点を示しています。今月のねらいに対して、子どもたちの活動や発達の様子はどうだったか、また自らの関わりは適切だったか、という2つの面から示しています。

○保護者支援・地域との連携
子どもの育ちを家庭・地域と共に見つめていくために、積極的に働きかけていく事柄を挙げています。

19

4. 日案

その月の、ある一日を日案の形に展開。一日の活動の流れを示しています。

○低月齢／高月齢の2本立て
発達の個人差に配慮して、4・5月のみ、同じ日の低月齢児向き日案と高月齢児向き日案の2本を掲載しています。

○CD-ROMの階層
付属CD-ROMに収録された、本ページのデータの階層を表しています。

○前日までの子どもの姿
前日までに見られたクラスの子どもたちの様子を示しています。

○ねらい
月週案に示された「ねらい」や流れを踏まえて、前日までの「子どもの姿」を見据えながら、当日の「ねらい」を立てています。

○自己評価の視点
一日の終了時に「評価」を行う際の視点を示しています。

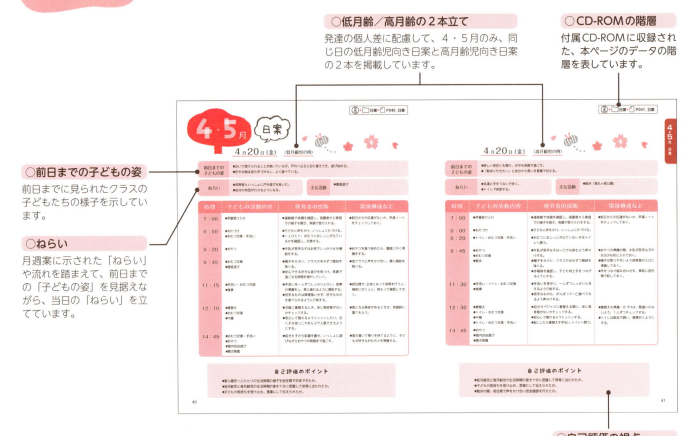

5. 保育の展開

その時期の園行事や季節の健康、安全、環境構成などに役立つヒントや資料を掲載しています。

本書付属の CD-ROMについて

本書付属のCD-ROMには、Excel形式のデータが収録されています。以下の事項に合意いただいたうえで、ご開封ください。

◆ 本書付属CD-ROMをお使いになる前に

【動作環境】
◎付属CD-ROMは、以下のOS、アプリケーションがインストールされているパソコンでご利用いただけます。

＜Windows＞
OS：Windows10、Windows 8、Windows 7
アプリケーション：Microsoft Office 2010 以降

＜Macintosh＞
OS：Mac OS X 10.8 以降
アプリケーション：Microsoft Office for Mac 2010 以降

◎付属CD-ROMをご使用いただくためには、お使いのパソコンにCD-ROMドライブ、またはCD-ROMを読み込めるDVD-ROMドライブが装備されている必要があります。

【使用上のご注意】
・付属CD-ROMに収録された指導計画のデータは、お使いのパソコン環境やアプリケーションのバージョンによっては、レイアウトなどが崩れる可能性があります。
・収録された指導計画のデータは、本書誌面と異なる場合があります。
・収録された指導計画のデータについての更新や、使い方などのサポートは行っておりません。
・パソコンやアプリケーションの操作方法については、お手持ちの使用説明書などをご覧ください。
・付属CD-ROMを使用して生じたデータ消失、ハードウェアの損傷、その他いかなる事態にも、弊社およびデータ作成者は一切の責任を負いません。

※Microsoft Windows、Microsoft Office Excel は、米国Microsoft Corporation の登録商標です。
※Macintosh は、米国 Apple Inc. の商標です。
※本書では、商標登録マークなどの表記は省略しています。

◆ CD-ROM 取り扱い上の注意

・付属のディスクは「CD-ROM」です。オーディオ用のプレイヤーでは再生しないでください。
・付属CD-ROMの裏面に汚れや傷をつけると、データが読み取れなくなる場合があります。取り扱いには十分ご注意ください。
・CD-ROMドライブに正しくセットしたのち、お手持ちのパソコンの操作方法に従ってください。CD-ROMドライブにCD-ROMを入れる際には、無理な力を加えないでください。トレイにCD-ROMを正しく載せなかったり、強い力で押し込んだりすると、CD-ROMドライブが破損するおそれがあります。その場合でも、弊社およびデータ作成者は、一切の補償はできません。

◆ 付属CD-ROMに収録されたデータの内容

・ページの上部に下記のようなCD-ROMのマークが付いているものは、付属CD-ROMにデータが収録されています。

・図のような順をたどっていくと、そのページのデータが収録されています。

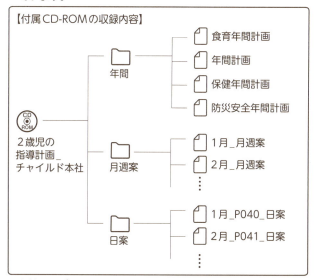

・お使いのパソコンの設定によっては、上図の順番で表示されない場合があります。
・付属CD-ROMに収録された指導計画のデータに、イラストは入っていません。

◆ CD-ROMに収録されている デジタルコンテンツの使用許諾と禁止事項

・本書付属のCD-ROMに収録されているデジタルコンテンツは、本書を購入された個人または法人が、その私的利用の範囲内においてお使いいただけます。
・本コンテンツを無断で複製して、第三者に販売・貸与・譲渡・頒布（インターネットを通じた提供も含む）することは、著作権法で固く禁じられています。
・本CD-ROMの図書館外への貸し出しを禁じます。

0〜5歳児 発達の姿を理解しよう

鈴木八重子（元 文京区立保育園 園長）

援助は子どもの発達理解から

保育を行ううえで、「子どもの発達を理解すること」はとても大切です。保育者が子どもの発達の理解を深めることで、保育はよりよく展開されます。

例えば、子どものある部分を育てたいと考えたとき、子どもの育ちを知って初めて、子どもがどういった発達段階にあるのか、どう援助していくと目指すところに到達するのかを考え、保育を進めることができるのです。

遊びにおいて、子どもが興味をもち、おもしろがって自発的に遊ぶのは、その子の発達に見合った遊びです。集中できる遊びは、子ども自身の学びにつながります。危機管理の面でも、子どもの発達を知らなければ〈体験させてよいこと〉と〈止めるべきこと〉が判断できず、大事故につながりかねません。

つまり、発達を正しく理解することで、一人ひとりに合った目標と、そのためのスモールステップが明確になり、よりよい発達への援助が行えるのです。

遊びから得た達成感が生活の充実に

遊びは、子どもになくてはならない学びの場です。

自分でやってみて、失敗して考えて、再度挑戦してみるという繰り返しから、子どもはいろいろなことを学びます。自分で学んで獲得するのは時間がかかることですが、できるようになった達成感は、なにものにも代えがたいものです。その達成感こそが、子どもの成長過程において大きな自信につながります。自信をもつことで、また次の興味や関心を抱き、挑戦し、充実した生活を送ることにつながります。

保育者は、子どもの遊びと生活を保障し、安心して成長できる環境を提供する役割を担っているのです。

クラスの様子

0歳
- 飲む・寝る・遊ぶの安定したリズムで過ごす
- いろいろな味や形態、またスプーンに慣れる
- 探索活動が活発になる

1歳
- 好きな場所や遊びを見つけて安心する
- 友達を意識し始める
- 遊びの幅が広がる
- 着替えなどに興味をもつ

2歳
- 友達のまねをする
- 「イヤ！」「自分で！」と自己主張が出て、ぶつかることもある
- 身の回りのことを自分でしようとする
- パンツで過ごせる子もいる

3歳
- 新入園児と進級児に生活経験の差が大きい
- 周囲を見て「やりたい」気持ちが起きる
- いろいろなことに挑戦しようとする
- 自分なりに生活を見通す
- 基本的な生活習慣がほぼできる

4歳
- おもしろそう！ やってみたい！と、興味や関心が広がる
- 友達と思いがぶつかることもある
- 生活や遊びの決まりを守ろうとする
- クラスの活動を楽しむ
- 年長への期待感でいっぱいになる

5歳
- 年長としての自覚が芽生える
- 生活習慣が確立する
- 目的をもち、考えながら遊ぶ
- 子ども同士で話し合う力がつく
- クラスがまとまる
- 就学に向け、自分たちで見通しをもって生活を進める

運動機能	言語・認識	人間関係
●首が据わる ●寝返りをうつ ●はいはいをする ●つかまり立ちをする ●親指と人さし指でつまむ	●物をじっと見る ●声が出る ●喃語(なんご)が出る ●指さしの先を追う ●興味のある場所へ移動する	●動く人を目で追う ●いないいないばあを喜ぶ ●意思を伝えたがるようになる ●人見知りが始まる ●指さしが多くなる
●伝い歩きをする ●ちぎる、破る、なぐり描きをする ●歩き始める ●しゃがむ ●手をついて階段を上る	●簡単な一語文が出る ●二語文が出る ●一人遊びをする ●要求を簡単な言葉で表現する ●絵本や紙芝居に興味をもつ	●大人のまねをする ●要望を動作で伝える ●友達と手をつなぐ ●名前を呼ばれると返事をする ●簡単な挨拶をする ●笑ったり泣いたりして、感情を表す
●体を方向転換させる ●しっかりと歩く ●走ったり、跳んだりする ●のりやはさみを使う ●全身を使って遊ぶ	●言葉への興味が広がる ●三語文が出始める ●少しの間待てる ●おしゃべりが盛んになる ●盛んに質問する ●見立て遊びを楽しむ	●いわゆるイヤイヤ期 ●「自分で！」と自己主張する ●友達のそばで同じ遊びをする ●見立てやごっこ遊びをする ●簡単なルールのある遊びをする ●相手の思いに気づく
●箸を使い始める ●ボタンをはめようとする ●はさみで連続切りをする ●片足跳びをする ●目標物に向かって走る	●自分の名字と名前を言う ●大小の区別がつく ●「なぜ？」と質問する ●数の理解が進む ●乱暴な言葉づかいをまねたり、反応を楽しんだりする	●一人遊びに没頭する姿が見られる ●友達と遊ぶようになる ●けんかを通じて思いやりの気持ちが芽生える ●友達を手伝おうとする ●仲間意識が高まる
●でんぐり返しをする ●ボールの扱いが上手になる ●同時に2つの動きをする ●午睡なしで過ごせる子もいる ●縄跳びで両足跳びをする	●善悪の判断がつく ●靴の左右を正しく履く ●生活時間の理解が進む ●伝聞ができる ●文字や数へ興味が出る ●絵本やお話のイメージを広げて楽しむ	●遊びによっては特定の友達と遊びたがる ●思いやりの心が育つ ●競争心が芽生える ●自我が確立する ●約束やルールがわかり守ろうとする
●箸を使いこなす ●自分で衣服の調節を行う ●固結びができる子もいる ●側転をする ●リレー、ドッジボールをする ●自分なりの目標をもち、繰り返し取り組む	●感情の自覚とコントロールができる ●しりとりやなぞなぞを楽しむ ●不思議なことを図鑑で調べる ●生き物を飼育し観察する ●30までの数が数えられる ●左右や信号・標識の見方がわかる	●特定の仲よしができる ●けんかを話し合いで解決する ●友達の気持ちを代弁する ●ルールを作って遊べる ●共通イメージで製作できる ●見通しをもって準備や練習をする ●友達と協力して最後までやり通す

発達の姿 2歳児クラス

鈴木八重子（元 文京区立保育園 園長）

全身を使った遊びができるように

　この時期は、走る、跳ぶなどの運動機能や指先の機能の発達が顕著です。広い場所に行くと、走ったり高い場所に登ったりと活発に動き回りますが、まだまだ危険を予知するのは難しいものです。保育者は子どもの行動の先を読み、その子の発達過程ややる気を考え合わせながらも、周りの危険性に十分注意することが必要です。

　生活では、自分の身の回りのことを自分でしようとする姿が出てきて、食事、排泄、衣類の着脱なども繰り返し行い、少しずつ自分でできるようになります。生活習慣の自立には個人差がありますので、他児との比較をして自立を急がせないようにしましょう。

　言葉への興味が広がり、語彙も急速に増加して三語文が出始め、よくおしゃべりをするようになってきます。また「これなに？」「あれは？」と盛んに質問をしますので、保育者は、子どもの興味にできるだけ寄り添い、満足させていきましょう。

　自我がはっきりしてくるとともに、象徴機能や観察力も発達し、大人の行動や日常生活で経験したことをごっこ遊びに取り入れるなど、模倣遊びも盛んになります。

　また、意欲的にいろいろなことに挑戦しようとしますが、自尊心が生まれてくるので、「失敗しても大丈夫」であることを伝え、受容し尊重して自信につなげましょう。

　友達にも興味をもつようになり、関わりも多くなります。しかし、まだまだ自分中心に物事を考えるこの時期は、思うようにいかないと強く自己主張するので、けんかや衝突も起きます。保育者が子ども同士の仲立ちとなり、思いを受け止めながらも、相手の思いにも気づかせていくようにしましょう。

　一方で、気の合う友達と同じ場所で同じように遊んだり、遊びが一定時間長続きしたりするようになります。子どもの発達や興味に応じて玩具を選び、コーナーを充実させるなどの工夫が、遊びを発展させます。安心できる大人と触れ合う時間もたっぷりととり、満足することで心の育ちを支えましょう。

保育のポイント

遊びの広がり

全身運動

○三輪車や、押したり引いたりする遊びを取り入れる。

見立て遊び

○ままごとなどのごっこ遊び、人形遊びなど、自分が普段してもらっていることを再現できる環境を用意。

手指の巧緻性の育ち

○シールの貼りはがし、ひも通し、粘土遊びを取り入れる。

	運動機能	言語・認識	人間関係
2歳0か月	●体を方向転換させる ●リズムに合わせて体を動かす ●坂道やでこぼこ道を危なげなく歩く ●走ったり跳んだりする	●遊びの中で色や形、大きさに気づく ●簡単な楽器（すず、カスタネット、タンバリンなど）を使う ●言葉への興味が広がる **援助** ・着替えなどの短い時間でも一人ひとりとコミュニケーションをとる。	●イヤイヤ期 **援助** ・根気強く聞いたり、気持ちを切り替えるために環境を変えたりする。 ・不安感の表れである場合もあるので一対一でじっくりと関わる。 ・危険でないかぎりは、とことん自己主張させる。
2歳6か月	●促されて、手を拭いたり、鼻水をかんだりする ●のりやはさみを使う ●両足で跳ぶ ●自分で衣服の着脱をしたり、脱いだ物を畳んだりする	●生活のなかで簡単な挨拶や返事をする ●「待っててね」と言われ、少しの間待とうとする ●自分のロッカーや靴箱、物の置き場所がわかる ●絵本や紙芝居を繰り返し読んでもらいたがる	●平行遊びをする **援助** ・一人で十分に遊び込めているかを見る。 ●「自分で」と主張をし、何でも自分でしようとする ●簡単なルールのあるゲームをする ●ごっこ遊びをする **援助** ・日常を再現できる常設の環境（キッチンセット等）を用意。 ・いっしょに遊んでイメージを膨らませる。 ・保育者が仲立ちし、友達と遊ぶおもしろさを知るきっかけをつくる。
2歳12か月	●全身を使って遊ぶ **遊び** ・サーキット遊び ●ボールを蹴る、投げる、転がす、受けるなどして遊ぶ ●自分から尿意を感じて、トイレに行く	●三語文が出始める **援助** ・「聞いてもらった」という満足感が得られるよう、言い直させずに話を受け止める。 ●おしゃべりが盛んになる ●見立て遊びをする	●トラブルを通して、相手にも思いがあることに気づく

トイレトレーニングのポイント

タイミング

○午睡後、出ていなければトイレに誘ったり、友達といっしょに行ったりしてみる。

言葉かけ

○排泄後のトイレを見せて「出たね、よかったね」「ジャーってしてみる？」などの言葉かけをする。

失敗もOK！

○失敗しても落ち着いて対処し、何度も行きたがる子には、気が済むまでつき合う。

年間目標	●安心できる環境のなかで保育者の援助を受けながら、食事、排泄、睡眠の生活習慣を身につけ、身の回りのことを自分でやろうとする。 ●生活や遊びのなかで、言葉のやりとりを楽しみ、約束事を知って優しい心を育む。 ●全身を使う遊びや手や指先を使う遊びを、喜んでしようとする。

		Ⅰ期（4〜5月）	Ⅱ期（6〜8月）
子どもの姿		●新しい環境に慣れず、不安な表情をする子もいる。 ●自己主張が出てきて自分の思いを通そうとする。 ●言葉で相手に気持ちを伝えようとするがうまく伝えられず、トラブルになることもある。 ●2〜3人で並行遊びをする。	●身近な自然物などへの関心が深まり、屋内外のさまざまな環境を利用して遊ぶ。 ●子ども同士で関わって遊ぼうとするが、こだわりなどによってトラブルを起こすことがある。 ●すねたり甘えたりすることもある。
ねらい		◇保育者に受け止めてもらって、自分の気持ちを言葉で表す。 ◇安心できる保育者との関係のなかで、食事、排泄などの簡単な身の回りの活動を自分でしようとする。 ◆身近な環境に親しみ自然と触れ合うなかで、さまざまな興味や関心をもつ。	◇簡単な身の回りのことを自分でしようとする。 ◆保育者を仲立ちとして、生活や遊びのなかで言葉のやりとりを楽しむ。 ◆水遊び、砂遊び、運動遊びなど夏の開放的な遊びを通して、友達との触れ合いを楽しむ。
内容	養護	◇一人ひとりの子どもの気持ちを受け止め、そっと寄り添って共感しながら、子どもとの信頼関係を深めていく。 ◇家庭と協力しながら、子どもの発達過程などに応じた適切な生活リズムが作られるようにしていく。	◇家庭との連携を密にし、嘱託医などと連携を図りながら、子どもの疾病や事故防止に関する認識を深め、保健的で安全な保育環境の維持および向上に努める。 ◇保育者間の信頼関係を基盤に、一人ひとりが主体的に活動し、自発性や探索意欲などを高めるとともに、自分への自信をもつことができるよう成長の過程を見守り、適切に働きかける。
内容	教育	◆楽しい雰囲気のなかで、苦手な食べ物も少しずつ食べようとする気持ちになる。 ◆簡単な衣服は自分で脱ぐことができるようになり、保育者に手伝ってもらいながら、簡単な身の回りのことをする。 ◆やりたいことや、やってほしいことを言葉で伝えようとする。 ◆保育者といっしょに簡単なごっこ遊びをするなかで、言葉のやりとりを楽しむ。	◆保育者に手伝ってもらいながら簡単な身の回りのことをする。 ◆夏の遊びを楽しむ。友達と関わりながら水、砂、土などの自然に触れて楽しむ。 ◆「これは？」「なに？」などの質問をたくさんして、言葉のやりとりを楽しむ。 ◆保育者といっしょに片づけができる。
保育者の援助と環境構成		●生活や遊びのなかで子どもの表情や態度を読み取り、無理強いをしないよう、子どもの気持ちに寄り添って関わっていく。 ●衣服の着脱のしかたをていねいに伝え、自分でできたことが自信になるようにしていく。 ●一人ひとりの食事量や食べ方を把握し、苦手な思いを受け止めながら言葉かけをしていく。	●夏の暑さに気をつけ、水分補給をして快適に生活できるようにする。また、プール遊びを通して健康増進を図る。 ●園医、看護師と連携して、夏の病気の情報提供と病気への対応策を伝える。 ●子どもの質問は同じ目線でていねいに聞き、ときにはいっしょに考えて言葉のやりとりで気持ちの交流ができるよう関わる。
家庭・地域との連携		●家庭での様子（食事、排泄、睡眠、遊び）を聞き、家庭と同じように接しながら少しずつ安心して過ごせるようにする。 ●園での様子を伝え、子どもや保護者との信頼関係を深めていく。	●保護者同士が率直な思いを話せるようにしたり保護者の気持ちに寄り添ったりして、いっしょに子どもの育ちを見守っていく。 ●子どもが自分でできる喜びを感じられるように、着脱しやすい服などを準備してもらう。

| 保育目標 | ●さまざまな欲求に応えてくれる保育者との安定した関わりのなかで、身の回りのことを自分でしてみようとする。
●いろいろな経験を通して言葉を習得し、言葉で表現しようとする。
●他児への関心が芽生え、保育者の仲立ちにより友達と関わって遊ぶことを楽しむ。 |

 年間 ▶ 年間計画

◇…養護面のねらいや内容　◆…教育面のねらいや内容

III期（9〜12月）	IV期（1〜3月）
●一人の独立した存在として行動しようとし、自我がよりはっきりしてくる。 ●友達と生活に必要な言葉のやりとりをする。 ●自分なりのイメージで見立てたり、つもりになったりして遊ぶ。	●言葉もほぼわかるようになり、自分で思いを伝えるようになる。 ●クレヨンやはさみを使うようになる。 ●歌や体操など、興味をもった楽しいことを友達と共有する。 ●順番や交代などの簡単なルールを理解して、守ろうとする。
◇保育者に手伝ってもらいながら、身の回りのことを少しずつ自分で行う。 ◆自然物などいろいろな素材を使って遊んだり、できた物に意味づけをしたりして、自分なりの表現を楽しむ。	◇一人で身の回りのことができることを喜ぶ。 ◆友達との関わりができ、いっしょに行動したり、イメージを共有して遊んだりすることを楽しむ。 ◆経験したことやうれしかったことを、考えながら言葉で伝える。 ◆行事を通して異年齢児への関心が高まり、進級への期待をもつ。
◇一人ひとりの子どもの置かれている状態を把握し、子どもの欲求を適切に満たしながら、応答的な触れ合いや言葉かけを行う。 ◇自分でやりたい気持ちを受け止め、できたことは十分にほめながら自信につなげていく。	◇生活に必要な習慣や態度がしだいに身につくよう、一人ひとりの生活リズムを見直し、必要なときには声をかけて援助しながら自信につなげていく。
◆食べ物に興味をもって食べようとする。 ◆戸外で自然の変化に気づいたり、全身を使って遊んだりすることを楽しむ。 ◆「なんで」「どうして」などの質問をする。 ◆描いたり作ったりすることを楽しみ、それを遊びに使ったり飾ったりする。	◆みんなといっしょに食事することを楽しむ。 ◆食器や箸を正しく持って食べる。 ◆冬の現象に興味をもち、それらに触れて遊ぶ。 ◆経験したことやうれしかったことを考えながら言葉で伝える。 ◆身近な人々の生活を取り入れたごっこ遊びを楽しむ。
●子どもが楽しみながら全身や手を使う活動ができるような遊びを取り入れる。 ●子どもの話は優しく受け止め、自分から保育者に話しかけたいという気持ちを大事にして、楽しんで言葉を使うことができるようにする。	●一人ひとりの生活習慣を把握して発達の状況に応じた援助をし、自分でできることの喜びを感じて自信へとつなげていくようにする。 ●自分でやろうとしていることは見守り、やり遂げた満足感を味わえるようにする。また、手助けを求めてきたときは、その気持ちに応えて、さりげなく手助けするようにする。 ●子どもの話したいことに耳を傾け、相づちを打ったりやりとりをしたりして、話す喜びを育むようにする。
●運動会、クリスマス会など行事が多くなることを伝え、掲示内容の確認や必要な衣服などを用意してもらう。 ●子どもの衣服の着脱の方法、裏返し方などを具体的に知らせ、家庭でも行えるようにする。	●日常の具体的な姿から一人ひとりの子どもの成長を伝えて喜び合うことで、子どもも保護者も進級への期待や安心感をもてるようにする。

食育 年間計画

| | ねらい | ●楽しい雰囲気のなかでいろいろな食材を食べてみる。 |

		I期（4～5月）	II期（6～8月）
子どもの姿		●楽しい雰囲気のなかで友達と食べる。 ●椅子に座って正しい姿勢で食べる。 ●好き嫌いが出てくる。 ●食具（フォーク・スプーン）を選んで使う。	●食べ物について興味と関心を持つ。 ●食具を持っていない手で食器を支える。 ●食材の名前を知る。
発達の目安	体の育ち	●片足立ちができる。 ●積み木を組み立てる。	●つま先立ちができる。
	心の育ち	●挨拶ができる。 ●自己主張が出てきて、自分の思いを通そうとする。	●子ども同士で関わって遊ぼうとするが、こだわりなどによってトラブルを起こすことがある。
食育	目標	●食生活に必要な、基本の習慣や態度に関心をもつ。	●食生活に必要な習慣や態度を知り、やってみようとする。
	ねらい	●楽しい雰囲気のなかで、いっしょに食べる人、調理をする人に関心をもつ。	●保育者の手助けによって手洗い、うがいなど食生活に必要な活動を行う。
園内の連携	保育	●食事前には手を洗い、食前・食後の挨拶をするよう促す。 ●食べ終わるまで座っているように、声かけをする。 ●保育者が食べる様子を見せ（いっしょに食べ）、手本を示す。 ●自分が食べられる量に気づかせ、完食したらほめる。	●食事前には手を洗い、食前・食後の挨拶をするよう促す。 ●食べ終わるまで座っているように、声かけをする。 ●主食とおかずを交互に食べるように促す。 ●食器を手で押さえるように促す。 ●食べ物に興味をもたせる。 ●食材の名前を知らせる。 ●完食できたらほめ、完食する喜びを味わう。 ●子どもが自分でしてみようと思う気持ちを大切にする。
	調理	●食べ慣れた献立を取り入れ、おいしく食べられるように配慮する。 ●食べる量の個人差を考えて少なめに盛り付け、お代わりを用意する。 ●栄養バランスを考える。 ●薄味で調理する。 ●いろどりを考える。	●旬の野菜を用いた献立を取り入れ、食材に興味をもたせる。 ●食べやすいように調理作業を心がける。 ●行事食（七夕）を取り入れた献立を作成する。 ●食べる量の個人差を考えて少なめに盛り付け、おかわりを用意する。
家庭・地域との連携		●朝ご飯を食べて登園できるように働きかける。 ●毎月献立表を配布する。毎日の給食を展示し、料理と量を知らせる。 ●バランスのよい食事をする（主食・主菜・副菜の組合せ）。 ●家族そろって食べる（環境を整える）。	●水分の取り方や部屋の温度に配慮するように働きかける。 ●一人ひとりの食具の持ち方、食べ方などを把握し箸への移行を相談する。 ●毎月献立表を配布する。毎日の給食を展示し、料理と量を知らせる。 ●行事食の文化（伝承）7月：七夕 ●バランスの良い食事をする（主食・主菜・副菜の組合せ）。 ●夏バテ予防（夏野菜を取り入れる）。 ●家族そろって食べる（環境を整える）。

III期（9～12月）	IV期（1～3月）
●友達といっしょに食べ、いろいろな食べ物を食べる楽しさを味わう。 ●食具を下から握って持ち、食べようとする。 ●食器を持って食べる。	●友達と楽しく食事をする。 ●食器を持って食べる。 ●食具を鉛筆握りで使って上手に食べる。
●丸が描ける。 ●はさみが使える。 ●粘土を丸められる。	●右手と左手の使い分けができる。 ●味覚の基礎ができる。
●関心をもったことについて質問する。 ●遊びの順番など楽しいことは我慢して待てるようになる。	●自分でなんでもやりたがる。 ●自分と外の世界のしくみや成り立ちに興味をもつ。 ●順番などの簡単なルールを理解し、守ろうとする。
●保育者の手助けによって、うがい、手洗いなどをし、身の回りを清潔にして、食生活に必要な活動を自分でする。	●食生活に必要な習慣が身につき始める。
●友達とともに食事し、いっしょに食べる楽しさを味わう。	●スプーンやフォークを上手に使って食べるようになる。
●食事前には手を洗い、食前・食後の挨拶をするよう促す。 ●食べ終わるまで座っているように、声かけをする。 ●自分で食べられたことを認めたり、ほめたりする。 ●食材の名前を知らせる。 ●さりげなく手助けをし、自分でできた達成感につなげる。	●食事前には手を洗い、食前・食後の挨拶をするよう促す。 ●食べ終わるまで座っているように、声かけをする。 ●自分で食べられたことを認めたり、ほめたりする。 ●食材の名前を知らせる。 ●スプーンやフォークを上手に使えるように、繰り返していねいに楽しく伝えていく。
●秋の味覚（栗・きのこ・さつまいも・さんま・果物など）を取り入れた献立を作成する。 ●骨付きの魚などをそのまま出す。 ●行事食（お月見・クリスマスなど）を取り入れた献立を作成する。	●行事食（おせち料理・七草・鏡開き・節分・ひなまつりなど）を取り入れた献立を作成する。
●秋の自然に触れ、旬の食べ物を味わう環境づくりを促す。 ●嫌いな物が食べられたときは、保護者に知らせ、いっしょに喜ぶ。 ●子どもにとって必要な、おやつのあり方（質・量・与える時間）を伝える。 ●毎月献立表を配布する。毎日の給食を展示し、料理と量を知らせる。 ●行事食の文化（伝承）　9月：お月見　12月：クリスマス ●寒さに負けない体づくり。 ●家族そろって食べる（環境を整える）。	●簡単な食事マナーを家庭でも守れるように働きかける。 ●嫌いな物が食べられたときは、保護者に知らせ、いっしょに喜ぶ。 ●毎月献立表を配布する。毎日の給食を展示し、料理と量を知らせる。 ●行事食の文化（伝承）1月：七草・鏡開き　2月：節分　3月：ひなまつり ●バランスの良い食事をする（主食・主菜・副菜の組合せ）。 ●風邪の予防。 ●家族そろって食べる（環境を整える）。

保健 年間計画

年間目標	●「元気で明るい子」を目指し、一人ひとりの子どもに応じて健康、安全に留意するとともに子どもの健康を保持し、安全を守れるようにする。

	目標	保健行事	内容
4月	●集団保育、新しいクラスなど、新しい環境に慣れ、安定した情緒で過ごす。	●身体測定 ●罹患表配布・回収	●身長、体重、頭囲、胸囲を測定する。 ●予防接種・罹患状況を把握する。
5月	●睡眠・食事・遊びなど、生活のリズムを整える。	●春期健康診断 ●耳鼻科検診 ●身体測定	●園医による診察を行う。 ●身長、体重を測定する。
6月	●梅雨期の衛生に気をつけ健康に過ごす。 ●歯を大切にする。	●身体測定 ●健康教育	●身長、体重を測定する。 ●歯に関する話をする（絵本・紙芝居など）。 ●歯ブラシを配布する。
7月	●夏を元気に過ごし、暑さに負けない体をつくる。	●身体測定	●身長、体重を測定する。
8月	●夏を元気に過ごし、暑さに負けない体をつくる。	●罹患表配布・回収	●予防接種・罹患状況を把握する。
9月	●体力回復に努め、生活リズムを整える。	●身体測定	●身長、体重を測定する。
10月	●戸外遊びを楽しみ、体力増進を図る。	●秋期健康診断 ●身体測定	●園医による診察を行う。 ●身長、体重を測定する。
11月	●薄着の習慣をつけ、寒さに負けない体をつくる。	●身体測定 ●罹患表配布・回収	●身長、体重を測定する。 ●予防接種・罹患状況を把握する。
12月	●風邪の予防に努める。 ●手洗い、うがいの習慣をつける。	●身体測定 ●健康教育	●身長、体重を測定する。 ●手洗い・うがいの話をする（絵本・紙芝居等）。
1月	●生活のリズムを整える。	●身体測定	●身長、体重を測定する。
2月	●寒さに負けず戸外で元気に遊ぶ。	●身体測定 ●罹患表配布・回収	●身長、体重を測定する。 ●予防接種・罹患状況を把握する。
3月	●耳を大切にする。	●身体測定 ●健康教育	●身長、体重を測定する。 ●耳に関する話をする（絵本・紙芝居等）。

防災・安全 年間計画

年間目標
- 突然の災害が起きても、あわてずに保育者の話を聞く。

	想定	時間	内容	ポイント
4月	●火災	10:00	●非常ベルの音に慣れる。 ●避難するときの約束を知る。	●子どもが必要以上に危機感を覚えたり、怖がったりしないように落ち着いて声をかける。 ●非常ベルに対する子どもの反応を見る。 ●避難場所、避難経路を確認する。 ●声を出し合って異常や指示を知らせ合う。
5月	●地震 ●火災	16:00	●地震から身を守るダンゴムシのポーズや、防災頭巾のかぶり方を知る。 ●園庭までの避難では、園庭に出てから靴を履く。	●ダンゴムシのポーズは、日頃から遊びのなかにも取り入れる。 ●消防用具の場所や使い方を把握する。
6月	●火災 ●洪水	10:30 10:00	●さまざまな経路を使って園庭まで避難する。 ●大雨による浸水を想定し、最上階まで避難する。	●消防署に指導要請をし、実際の避難を見せ、訓練用の水消火器で模擬消火、通報訓練も行う。 ●放送機材を使用せず、口頭伝達で他の保育者に援助や協力を求める。
7月	●火災	14:45	●花火で火事になる場合があることを知る。	●「子どもだけのときは火がついてなくても花火に触らないこと」を伝える。 ●子どもが火の部分を触る可能性があることを掲示などで保護者に知らせる。 ●保育者同士の連携と協力体制を話し合う。
8月	●火災	10:45	●水遊び場やプールから安全なところへ避難する。	●水遊び中でも、あわてずに保育者の話を聞いて集まることを伝える。 ●水遊び中や夏季混合保育中の非常ベルに対してどう避難するか、経路や手順を考える。
9月	●地震 ●火災	15:30	●大災害発生時に備えた防災引き取り訓練に参加する。 ●保育者の話を聞き、迎えが来るまで落ち着いて待つ。 ●紙芝居を見て、地震が起きたときの様子を知る。	●モバイル一斉メール送信。非常時の緊急連絡方法を再確認する。 ●備蓄品や機材を確認する。
10月	●火災	延長保育時	●延長保育で混合保育中での避難訓練に参加する。 ●クラス担任以外の保育者の話を聞き、避難する。	●延長保育体制での保育者の役割を確認する。 ●園内からの出火を想定し、避難経路や迎えに来た保護者の誘導方法などを確認する。
11月	●火災 ●洪水	抜き打ち	●消防署を見学し、実際に消防車を見たり消防士と話をしたりするなかで、火災の怖さを知る。 ●園内に煙が出ているなかでの避難訓練に参加する。	●消防士に煙を吸うことの怖さや保育者の話を聞くことの大切さを話してもらう。 ●煙の中での避難の仕方（姿勢を低くして忍者さんになって逃げる）を伝える。
12月	●地震 ●火災	17:30	●室内でストーブに近づかないことなど、冬の火の取り扱いについての約束を知る。 ●不審火が出た想定で避難訓練を行う。	●不審火の箇所別に避難経路を確認する。 ●避難訓練後にやけどの話をし、ストーブやヒーターに興味本位で触らないことも伝える。
1月	●火災	16:00	●地震で普段使用するルートがふさがれてしまった場合を想定し、普段と違う非常階段を降りる訓練に参加する。 ●ダンゴムシのポーズができているか再確認する。	●落ち着いて非常階段まで誘導できるように、日頃から意識しておく。
2月	●地震 ●火災	抜き打ち	●保護者参観日に合わせて避難訓練を行い、消防署と連携して、初期消火や通報の様子を見せて保護者に方法を伝える。	●普段から行う避難を保護者に見せる。 ●消防署の指導をもとに、家庭でできる初期消火や通報訓練を保護者に体験してもらう。
3月	●地震 ●火災	9:30	●園でなく、近隣で火災があった際の対応訓練に参加し、落ち着いて保育者の話を聞く。	●園内外両方の火災避難にあわてずに対応できるよう、近隣の建物名を把握する。

31

月週案 ………… p34

日案・
保育の展開 ……… p40

子どもの姿と保育のポイント

新しい生活の始まり

　子どもが新しい環境や生活リズムに慣れて、安心して毎日を過ごせるよう、不安な気持ちを受け止め、少人数で保育を行うなどゆったりとした環境作りを大切にします。

　できるだけ園庭や戸外に出て好きな遊びを見つけ、少しでも笑顔が多い1日になるように、保育者は一人ひとりと向かい合い、他クラスとも連携し環境を整えます。

保護者支援も大切に

　保護者にとっても新しい生活のスタート。担任挨拶をしっかり行い、1年の始まりを大切にします。

　朝の忙しい時間の受け入れの手順は、わかりやすいように見やすく掲示します。また、個別にしっかりと声もかけることで信頼関係を築いていく大事な時間になります。

　降園時にはその日の出来事を一言でもよいので必ず話し、成長をいっしょに見守りましょう。

今月の保育ピックアップ

4月

保育者の援助
新しい保育室と担任の先生

進級すると新しい保育室と保育者になり、喜んでいる子もいれば不安で泣いてしまう子もいます。まずは手遊び歌で挨拶し、保育者の名前を知ってもらいます。

保育者の援助
思いを代弁して言葉をサポート

まだまだ言葉でうまく伝えられない子どもたち。「大丈夫だよ！ 先生がいっしょにお話しするよ」と声をかけ、子どもの思いを代弁します。また、語彙数が増えてくる時期なので、会話を楽しめるよう保育者が言葉を声に出してたくさん伝えます。

4月のテーマ

新しい環境に慣れて、
安心して生活する。

環境構成
ロッカーには名前とマークを

毎日使うロッカーに、子どもの名前とマークを貼ります。保護者にも覚えてもらえるよう、わかりやすく貼りましょう。

これもおさえたい！
好きな遊びを見つけよう

保育室での好きな遊び、園庭での好きな遊び……。子どもを観察し、一人ひとりの好きな遊びを知って信頼関係を深めるヒントにしていきます。

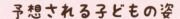

4月 月週案

予想される子どもの姿
- 新しい保育室や担任に戸惑い泣く子もいるが、保育者との信頼関係ができ、安定した生活が送れるようになる。
- 喜んで戸外へ出て、体を動かして遊ぶ。

月前半（第1〜2週）

ねらい
- 新しい環境や保育者に慣れ、安心して過ごす。
- 保育者や友達といっしょに好きな遊びを見つけて遊ぶ。

活動内容

養護
- 自分のロッカーや靴箱の場所がわかる。
- スプーンを握って自分で食べる。
- 落ち着いた雰囲気のなかで眠る。
- 顔を拭いたり手を洗ったりを、自分でしようとする。

教育
- 「おはよう」「さようなら」など簡単な挨拶ができる。
- 保育者といっしょにごっこ遊びを楽しむ。

保育者の援助と環境構成
- 自分で食べたいという思いを大切にしながら、スプーンの持ち方を知らせていく。
- 一人ひとりの体調を把握し、安心して眠れるようにそばにつく。
- 自分で清潔にしようとする気持ちがもてるように、声をかけていく。
- お互いの気持ちを代弁して、関わり方を知らせていく。

個別配慮

Aちゃん（新入園）
- 初めての集団生活が不安で泣くことが多い。自分が好きなタオルを持っていると安心するようで、遊び始めるが、思いどおりにならないとかんしゃくを起こしたり泣き出したりする。
- ＊安心できるタオルをすぐに取れるようロッカーに置き、思いをくみ取りながら信頼関係を築いていく。
- ＊いっしょに遊ぶなかで好きな遊びを見つけていく。

Bくん（在園児）
- 進級したことを喜び、好きな遊びを楽しむ。
- トイレに行くと排尿できるときもあるが、遊びに夢中になってもらしてしまうことも多い。
- ＊無理強いせずタイミングを見てトイレへ誘う。
- ＊好きな遊びが見つかるよう、取り出しやすいおもちゃを用意する。
- ＊苦手な食べ物も食べられるよう声をかけ、ひと口食べられたときにほめて自信につなげていく。

保育資料

【うた・リズム遊び】
・チューリップ　・ちょうちょう　・春のリトミック

【自然遊び】
・たんぽぽ探し

【運動遊び】
・追いかけっこ　・しっぽ取り

【表現・造形遊び】
・お絵描き　・シール貼り

【絵本】
・きんぎょがにげた
・だるまさんがころんだ

今月の保育のねらい

- 新しい環境に慣れて安心して生活する。
- 好きな遊びを見つけて、保育者や友達と楽しむ。
- 自分の気持ちを言葉で伝えようとする。

行事予定

- 入園式 ● 進級式 ● 誕生会

4月

月後半（第3〜4週）

- 保育者や友達に挨拶をしたり、名前を呼んだりする。
- 1日の生活リズムがわかり安心して過ごす。

- 保育者といっしょにトイレへ行き、排尿、排便する子もいる。
- できないところを手伝ってもらいながら着替える。
- 自分で帽子を出し、かぶろうとする。

- 友達と手をつないで散歩に行く。
- 春の自然に触れ、虫や花に興味を示す。

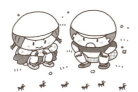

- 一人ひとりの排尿間隔を把握し、安心してトイレに行けるよう、無理強いせずそばで見守る。
- 子どもが自分の帽子がわかるように、個人マークのシールをつける。

- 子どもの発見や表現に共感しながら、友達との関わりを大事にしていく。

今月の食育

- 新しい雰囲気のなか、友達と楽しく食べる。
- 食事の前には手を洗い、みんなで食事の挨拶をする。

保護者支援・地域との連携

- 進級、新入園した様子を連絡帳で伝えたり、登降園のときに保護者と話したりできるようにする。
- 厚着にならず、衣服の調節ができるような準備をしてもらう。

職員間の連携

- 一人ひとりの様子をこまめに話し合い、子どもたちが安心して過ごせるよう声を出し合う。
- 保護者とのやりとりも密にし、不安にならないように担任間できちんと伝達する。

自己評価の視点

子どもの育ちを捉える視点

- 新しい保育室で安心して過ごせたか。
- 好きな遊びを見つけて友達と遊べたか。

自らの保育を振り返る視点

- 子どもが新しい保育室や担任に慣れるように、信頼関係が作れたか。また、保育者もいっしょに楽しく遊び、子ども同士の仲立ちまでできていたか。
- 担任間の伝達、保育の共通理解ができているか。
- 一人ひとりの子どもの食事の量、排尿間隔、睡眠などを把握しているか。

月週案 ………… p38
日案・
保育の展開 ……… p40

子どもの姿と保育のポイント

● 連休明けは気持ちのケアを

　園生活に慣れてきた頃にゴールデンウィークに入ります。連休中、家庭で過ごした子どもたちは、休み明けには甘えたい気持ちや不安が出ています。その気持ちをしっかり受け止め安心して過ごせるように、担任間で相談しておきます。
　また、自分の欲求や要求を態度で表現するようになる子も出始める時期です。子どもの様子から気持ちをくみ取りながら、思いを代弁し、子どもが言葉で伝えられるように援助していきます。

● 戸外で食事を楽しむ

　天気がよい日はテラスにテーブルをセッティングして戸外で食事をします。子どもたちの気持ちも晴れやかになり、笑顔で楽しんでよく食べられます。調理の先生の見まわりに「おいしい！」の声がこだまします。

今月の保育ピックアップ

新要領・新指針の視点で

子どもの活動

友達と手をつないで散歩

天気のよい日は手をつないで近隣の公園まで散歩に出かけます。動物に触れ合ったり、虫を探したり、花を見つけたり……。「先生あった！」と発見を保育者や友達といっしょに喜び、分かち合う時間を大切にします。

これもおさえたい！

友達に手が出てしまうことも

友達と同じ遊びを楽しむようになると、思いがぶつかり、手が出てトラブルになることも。お互いの気持ちを受け止めながら声をかけて、仲立ちしていきます。

5月のテーマ

保育者や友達といっしょに花や虫を見つけて、自然に触れ合いながら戸外遊びを楽しむ。

保育者の援助

自分の持ち物がわかるように

自分のロッカーや帽子、持ち物がわかるようになり、着替えたズボンや使ったタオルを自分のかばんにしまえるようになります。できない子には付き添って、自分でやってみようとする気持ちを大切にしながら援助し、できた喜びを自信につなげていきます。

保育者の援助

節目でトイレ

おやつの前、散歩の前、寝る前などにトイレへ誘います。おむつに出ていない子はチャンス！ トイレでできたときはいっしょに喜び、トイレで排尿することを伝えていきます。トイレでするのが嫌な子もいます。無理強いは絶対にせず、「次また行こうね！」と声をかけます。

5月 月週案

前月末の子どもの姿
- 少しずつこだわりや自己主張が出て、なんでも自分でしたがる。
- 友達のしていることに興味を示し、同じ遊びをしようとする。
- 春の生き物に興味をもち、見たり触れたりする。

月前半（第1～2週）

ねらい
- 保育者といっしょに春の自然に触れる。
- 一人ひとりの気持ちを十分に受け止め、安心して自分が出せるようにする。

活動内容

養護
- 苦手な食べ物でも、少しずつ食べるようになる。
- 生活リズムを整え、心身ともに元気に過ごせるようにする。
- 保育者の手助けで、簡単な衣服は一人で脱ぐことができる。
- 保育者に声をかけてもらうなどしてトイレに行き、見守られながら排泄する。
- 手洗いの手順を覚えて、自分でしようとする。

教育
- 連休中の楽しかった経験を、保育者に話そうとする。
- 春の自然を見つけて保育者や友達に知らせたり、それらに触れたりして楽しんだりする。

保育者の援助と環境構成
- 絵本や紙芝居を通して、食べ物への興味を育てていく。
- 不安な気持ちを受け止め、安心して過ごせるようゆったりした空間を作る。
- 子どもの話を優しく受け止め、自分から保育者に話しかけたいという気持ちを大切にする。

個別配慮

Aちゃん（新入園）
- 園での生活リズムに少しずつ慣れ、タオルを持っている時間が短くなってきた。
- 食事の時間はかまってほしいようで、椅子に座らず室内を探索したりして保育者の様子をうかがっている。
- ＊いっしょに遊ぶなかで保育者とのやりとりを楽しみながら、安心して過ごせるようにする。
- ＊いっしょにトイレに行き、排尿できるよう見守る。

Bくん（在園児）
- 虫や花を見つけ、保育者や友達に見せて喜び、自分の思いを言葉で伝えようとしている。
- 自分のパジャマ袋からパジャマを出し、できないところを手伝ってもらいながら着替えようとする。
- ＊子どもが発した言葉を繰り返し、言葉が伝わる喜びを知らせる。
- ＊できないところを援助しながら少しずつできることを増やし、できないときは「やって」と言える雰囲気作りを大事にしていく。

保育資料

【うた・リズム遊び】
- おつかいありさん ・こいのぼり ・ことりのうた

【自然遊び】
- あり探し ・シロツメクサ遊び

【運動遊び】
- 段差ジャンプ

【表現・造形遊び】
- あぶくたった ・丸折り紙 ・洗濯バサミはめ

【絵本】
- かわいいかくれんぼ ・どーこだどこだ
- はらぺこあおむし

今月の保育のねらい

- 戸外遊びを通して春の自然に触れ、それらに親しみをもつ。
- 好きな遊びを見つけ、明るい気持ちでのびのび体を動かす。
- 自分の思いを言葉にしてみる。

行事予定

- こどもの日お祝い会
- 誕生会
- 心の花束（カトリック）
- 親子触れ合いの集い

5月

月後半（第3〜4週）

- ちぎり紙を楽しむ。
- 草花や虫などを探して、見たり触れたりすることを楽しむ。
- 周囲の人に積極的に挨拶をしようとする。

- 保育者に見守られながら、簡単な身の回りのことを自分でしようとする。
- 保育者や友達といっしょにままごとや追いかけっこをして遊ぶことを楽しむ。

- 自分からパンツとズボンを脱いでトイレに行く。

- 保育者に続いて周りの人に挨拶をする。
- いろいろな素材に触れ、ちぎったり破ったりする感触を楽しむ。
- つまむ、丸める、めくるなどの手や指を使う遊びを楽しむ。
- 自分のしたいこと、してほしいことを、言葉で話そうとする。

- ごっこ遊びが十分できるような場を作り、遊具を使いやすいように配置する。
- 子どもの意欲を大切にし、できたときは十分にほめる。

- 保育者もいっしょに遊びながら、体を動かして遊ぶことの楽しさを感じられるようにする。

今月の食育

- 保育者に見守られながらフォークを使って自分で食べる。
- 食前・食後の挨拶をていねいに行う。
- 保育者に手伝ってもらいながら、手洗いをていねいに行う。

保護者支援・地域との連携

- 送迎時や連絡帳を通して、園での様子や家庭での様子を伝え合いながら、信頼関係を築いていく。
- 気温の変化や戸外遊びが多くなってくることを伝え、下着や衣服の補充を確認し合う。

職員間の連携

- 早番・遅番ノートとともに、休み明けの子どもの様子を担任だけでなく職員が十分理解し、保護者も子どもも安心して過ごせるようにする。

自己評価の視点

子どもの育ちを捉える視点

- 子どもたちが安心して自分を出せていたか。
- 簡単な衣服を自分で脱ごうとしていたか。

自らの保育を振り返る視点

- 保育室や戸外でもゆったりとした雰囲気を心がけ、一人ひとりに十分に関わることができたか。
- 子どもたちの生活リズムをていねいに見つめることができたか。
- 子どもの気づきや発見に共感し、表現できたか。

4月20日（金） 〈低月齢児の例〉

前日までの子どもの姿	●泣いて受け入れることが続いているが、戸外へ出ると切り替えでき、遊び始める。 ●好きな物は自ら手づかみし、よく食べている。

ねらい	●保育者といっしょに戸外遊びを楽しむ。 ●自分の布団がわかるようになる。	主な活動	●園庭遊び

時間	子どもの活動内容	保育者の援助	環境構成など
7：00	●早番受け入れ	●連絡帳で体調を確認し、保護者から家庭での様子を聞き、笑顔で受け入れる。	●前日からの伝達がないか、早遅ノートをチェックしておく。
9：00	●お片づけ ●おむつ交換・手洗い	●子どもに声をかけ、いっしょに片づける。 ●一人ひとり、おむつにおしっこが出ているかを確認し、交換する。	
9：20	●おやつ	●牛乳が苦手な子はお茶でしっかり水分補給をする。	●おやつを食べ始めたら、園庭に行く準備をする。
9：45	●おむつ交換 ●園庭遊び	●帽子をかぶり、クラスの半分ずつ階段を降りる。 ●安心できる好きな遊びを見つけ、笑顔で過ごせる時間を増やしていく。	●他クラスと声をかけ合い、順に階段を降りる。
11：15	●手洗い・おむつ交換 ●食事	●手洗いを一人ずつしっかりと行い、食事の準備をし、席に座れるように援助する。 ●苦手なものは無理強いせず、好きなものを食べられるように介助する。	●担任間で、主体となって保育を行う人、補助に付く人と、前もって確認しておく。
12：10	●着替え ●おむつ交換 ●午睡	●洋服に着替えるとき、体に発疹等がないかチェックする。 ●安心して眠れるようトントンしたり、泣く子は抱っこやおんぶで入眠できるようにする。	●気になる発疹があるときは、保健師に看てもらう。
14：45	●おむつ交換・手洗い ●おやつ ●室内自由遊び ●順次降園	●起きた子から肌着を着せ、いっしょに遊びながらおやつの時間まで過ごす。	●落ち着いて帰りを待てるように、子どもが好きなおもちゃを準備する。

自己評価のポイント

●新入園児一人ひとりの生活時間の様子を担任間で共有できたか。
●低月齢児と高月齢児の生活時間の差を十分に把握して保育に当たれたか。
●子どもの気持ちを受け止め、言葉にして伝えられたか。

4月20日（金）〈高月齢児の例〉

4・5月 日案

前日までの子どもの姿	●新しい担任にも慣れ、日中も笑顔で過ごす。 ●「散歩に行きたい」と自分から思いを言葉で伝える。		
ねらい	●友達と手をつないで歩く。 ●トイレで排尿する。	主な活動	●散歩「徳丸ヶ原公園」

時間	子どもの活動内容	保育者の援助	環境構成など
7：00	●早番受け入れ	●連絡帳で体調を確認し、保護者から家庭での様子を聞き、笑顔で受け入れをする。	●前日からの伝達がないか、早遅ノートをチェックしておく。
9：00	●お片づけ	●子どもに声をかけ、いっしょに片づける。	
9：20	●トイレ・おむつ交換・手洗い	●おむつにおしっこが出ていない子はトイレへ誘う。	
9：45	●おやつ ●おむつ交換 ●散歩	●牛乳が苦手な子は一口でも飲むよう声かけする。 ●帽子をかぶり、クラスの半分ずつ階段を降りる。 ●歩幅等を確認し、子ども同士手をつなげるようにする。	●おやつの準備の際、牛乳が苦手な子の分は少なめに入れておく。 ●帽子は取りやすいよう保育室の入口に準備しておく。 ●手をつなぐ組み合わせを、事前に担任間で話しておく。
11：30	●手洗い・トイレ・おむつ交換 ●食事	●手洗いを見守り、一人ずつしっかりと洗えるよう介助する。 ●苦手なものも、がんばって一口食べてみるよう声かけする。	
12：30	●着替え ●トイレ・おむつ交換 ●午睡 ●トイレ・おむつ交換・手洗い	●自分でパジャマに着替える間に、体に発疹等がないかチェックする。 ●安心して眠れるようトントンする。 ●起こしたら着替えを手伝い、トイレへ誘う。	●着替えの準備・片づけは、間違いのないよう、1人ずつチェックする。 ●トイレは節目で誘い、習慣付くようにする。
14：45	●おやつ ●室内自由遊び ●順次降園		

自己評価のポイント

●低月齢児と高月齢児の生活時間の差を十分に把握して保育に当たれたか。
●子どもの気持ちを受け止め、言葉にして伝えられたか。
●散歩の際、担任間で声をかけ合い安全確認を行えたか。

4・5月 保育の展開

成長をみんなで喜ぶ進級式

1つ上のクラスに進級できることを祝い、自分たちの成長を喜ぶ進級式を開催します。ホールに集まり、楽しい雰囲気で行いましょう。

🌸 新しい先生を子どもたちに紹介

進級式では新しい担任を紹介し、みんなで挨拶をします。「このクラスは誰先生かな？」と、子どもたちとやりとりしながら式を進めましょう。

🌸 進級の歌をうたう

♪たのしいな　たのしいな
　わたしたちきょうから　〇〇くみさん
　うれしいうれしい　〇〇くみさん♪

と、クラス順に進級の歌をうたっていきます。
進級の歌は、前年度の3月から、

♪うれしいな　うれしいな
　わたしたちもうすぐ〇〇くみさん
　はやく　なりたい　なりたいな♪

と歌詞を変えてうたい始め、進級への期待と楽しみにする気持ちを盛り上げましょう。

🌸 担任紹介ははっきりわかりやすく

低年齢児クラスから順に、担任保育者を紹介します。
2歳児は保育者の顔と名前が一致する頃です。名前は聞き取りやすいように大きな声ではっきりと伝えましょう。

こどもの日 — こいのぼりで成長を祝う

子どもの成長を願うこどもの日。子どもたちに由来を伝え、こいのぼりの製作に取り組んで行事を楽しみます。

🌸 こどもの日ってどんな日？

こどもの日の由来を、パネルシアターや行事絵本（大型絵本）などを使って伝えます。シアターなどの内容でふり返り、クイズで子どもたちと簡単なやりとりも楽しめるようにします。

🌸 こいのぼりを作ろう

たんぽで色をつけたりシールを貼ったりして、子どもたちは各自小さなこいのぼりを作ります。模造紙を貼り合わせて作った大きなこいのぼりをクラスに1つずつ用意し、子どもたちの小さなこいのぼりを貼り付け、クラスのこいのぼりを製作します。完成したら、廊下や園庭に飾り付けます。

🌸 園庭のこいのぼりを見に行こう

飾り付けたクラスのこいのぼりが園庭を泳いでいるのを、みんなで見に行きます。園庭に出たり自分たちで作った物を見たりすることが、まだ園に慣れない子どもたちにとっては気分転換になり、笑顔があふれるでしょう。関わりが少ない友達と遊ぶきっかけにもなります。

4・5月 保育の展開

季節の健康

健康に生活するためのポイント

環境が変わって不安定になりやすい時期です。受け入れ時の確認や、元気な体づくりのためのポイントを確認しましょう。

❀ 受け入れ時はしっかり確認

朝の受け入れの際は保護者一人ひとりと言葉を交わし、前日の就寝時間、起床時間、朝食の有無、体温、必要に応じて薬の確認をします。体調がよくない子どもは園でも体温を確認し、容体が変わった場合にすぐ保護者と連絡がとれるかを確認しておきましょう。

❀ 戸外遊びで体を動かす

天気がよい日は外に出て太陽を浴び、体を使って運動遊びやごっこ遊びを楽しみます。たくさん遊ぶことで、おなかが減って昼食がしっかりとれ、午睡時に質のよい睡眠をとることにもつながります。その結果、午後の活動がさらに楽しめ、夕食をよく食べ、早めに就寝するというよいサイクルができていきます。

❀ 手洗いの習慣をつける

おやつの前、戸外遊びのあと、トイレのあとなどに手を洗う習慣をつけていきましょう。保育者がいっしょに洗いながら、指の間や手の甲など、手の部位や洗い方を知らせていきます。洗ったあとは、各自自分のタオルやペーパーできちんと拭くように指導します。

❀ トイレトレーニング

2歳児では、トイレトレーニングが進んでいる子どももいます。習慣化できるよう、昼食やおやつの前後、戸外遊びの前後、午睡の前後など、1日の活動の区切りのよい時間を選んでトイレに誘っていくようにしましょう。

身体測定・虫よけ

季節の健康

身体測定は、子どもの全身を確認するよい機会です。また、暖かくなり虫が出てくる頃ですから、注意しましょう。

🌸 身体測定は全身を見る機会に

1か月に1回行う身体測定は、発疹、X脚、O脚など全身を見る機会としても活用します。泣いてしまう子どもや嫌がる子どももいるので、保育者が見本を見せたり、先に受けている友達の姿を見せたりすることで、落ち着いて受けられるように順番などを考慮します。

4、9、2月など実施月を決めて頭囲・胸囲も測定し、1年に1度はカウプ指数、身長体重の増加を算出します。

🌸 虫よけは早めの時期から

5月頃から蚊が出てくるので、子どもたちが刺されないように注意をします。刺された場合は、その部分を流水で洗い、腫れやすい子どもは冷やします。

他にも害虫がいますが、小さな子どもたちなので、室内では薬剤の散布は避け、シートタイプの虫よけや天然由来の虫よけを置くとよいでしょう。必要な場合は業者に依頼して害虫駆除を行います。

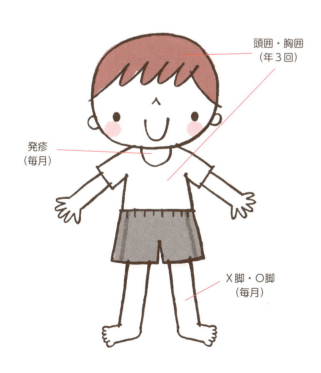

蚊に刺されたら流水で洗う

虫よけはシートタイプや天然由来のものを

必要なら害虫駆除業者に依頼を

4・5月　保育の展開

散歩・防災

春の散歩と防災

散歩や防災訓練は、日頃から活動に取り入れます。季節や子どもの育ちに合わせて、ポイントと注意点を紹介します。

散歩　歩幅が同じ子同士で手をつなぐ

　近くの公園まで、少人数で散歩します。靴を自分で履いて友達と手をつないで歩く練習です。子ども8人に対して保育者2人が目安で、子どもの様子を見ながら歩きます。同じ歩幅の友達同士で手をつないでもらいます。子どもをよく見て、ペアは保育者が決めます。
　肘内障の子がいる場合は声をかけ、保育者が手をつなぐなど配慮しましょう。

防災　訓練のポイントと注意点

　新入園児にとっては初めての防災訓練です。まずは、非常ベルの音に慣れることを目標にします。
　非常ベルが鳴ったら保育者の近くに集まるよう指導します。保育者は避難経路の確認を行い、声を出してしっかり子どもたちに伝えましょう。他クラスとの連携を図り、混乱のないようにします。
　子どもたちには防災頭巾のかぶり方を事前に伝え、嫌がらない子には訓練時にかぶってもらいます。無理強いはしないようにします。

進級時の保護者対応

保護者対応

進級して担任や保育室が変わったり、ルールが新しくなったりすることに不安を感じる保護者もいます。ていねいに伝え、理解を求めていきましょう。

🌸 担任紹介はしっかり行う

登降園時に保護者一人ひとりにしっかり自己紹介し、挨拶をします。各クラスのボードには1年間いっしょに子どもの成長を見守りたいことを一言記入しておきます。

また、園内に職員の紹介を写真付きで掲示します。

🌸 おたより帳はていねいに記入

担任や保育者が変わることで、保護者は不安になりがちです。新年度は特におたより帳の記入をしっかり行い、保護者とのやりとりを密にするようにします。ちょっとした出来事や変化もわかりやすく記入して、預けている時間の様子をわからない保護者が不安にならないようにします。保育者間でも情報を常に共有し、担任以外の子どもの保護者にもいつでも対応できるようにしておきます。

🌸 荷物についてわかりやすく掲示

登園時、持ち物の補充など、準備がスムーズにできるようにわかりやすく掲示し、保護者に声をかけていきます。担任間で話し合い、場所や動線をくふうしましょう。

また、個別に声かけした方がよい保護者には、受け入れ当番のときにできるだけ時間をとって詳しく説明します。

🌸 新しい保育室の確認は前年度末に

朝は保護者も時間がないので、新年度初日にロッカーなどを確認してもらうのは難しいものです。そこで、新クラスのロッカーを年度末までに準備し、前年度の最終日に確認してもらえるようにします。同時に、担任1人が新クラスに待機し、説明をします。

月週案 ……… p50
日案・
保育の展開 …… p60

子どもの姿と保育のポイント

小さな虫や小動物への興味

　幼児クラスのお兄さんやお姉さんに混ざり、虫をいっしょに捕まえたり触らせてもらったりしています。初めて虫に触る子どもたちも、お兄さんやお姉さんが触っているのを見て興味を示し、怖がりながらも触ってみようとします。園庭は異年齢児交流の大切な場になっています。

　園庭の端にある畑は宝の山。作物の生長を見られるのはもちろん、穴をちょっと掘るとたくさんの虫がいます。幼児クラスの子どもたちの楽しそうな声が園庭に響くなか、2歳児たちも負けじとその輪の中に入り、いっしょになって見ている姿はうれしいものです。

つい手が出てしまうことも

　友達といっしょに遊びたい気持ちが芽生え、簡単なごっこ遊びやままごとなどを楽しむ姿が、あちらこちらで見られるようになります。同じものが欲しくて「貸して」と言う前に取ってしまったり、手が出てしまったりすることもあります。そんなときは気持ちをくみ取り、保育者がいっしょに相手に言葉で伝えます。「ごめんね」が言える子も言えない子も葛藤しながら成長しています。待つ時間を大切にしながら、できるだけ自分の言葉で相手に伝えることの大切さを日々のなかで学んでいけるように関わります。

今月の保育ピックアップ

新要領・新指針の視点で

子どもの活動

幼児といっしょに泥んこ遊び

泥んこ遊びの日は、汚れてよい服で登園してもらいます。幼児クラスの子どもたちに協力してもらい、遊びを教えてもらいます。お兄さん、お姉さんに刺激され、遊びも大胆になります。

保育者の援助

子どもの言葉や身ぶりを受け止める

保育者や友達に、自分の気持ちや経験したことを言葉や身ぶり手ぶりで一生懸命伝えようとする姿があちらこちらで見られます。気持ちを受け止め、「○○○したかったね」などと言葉にして子どもに伝えることで、"先生にも伝わっているよ！""わかっているよ！"と子どもが感じられるやりとりを大事にします。

6月のテーマ

保育者や友達といっしょに梅雨の時期の水、砂、泥や小動物などに触れて元気に遊ぶ。

子どもの活動

身の回りのことを自分でしようとする

簡単な衣服の着脱に興味をもち、時間はかかっても自分でしようとする姿や、ボタンを掛けることや外すことにも挑戦する姿が見られます。できるだけ見守り、さりげなく介助して、できたことへの喜びや満足感を感じられるようにしていきます。

子どもの活動

自分から進んで手を洗う

保育者の声かけに応じて自分から進んで手を洗い、テーブルにつき食べようとする姿が見られるようになります。

6月 月週案

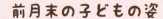

前月末の子どもの姿
- 身の回りのことを手伝ってもらいながら、自分でやろうとする。
- 言葉で相手に伝えようとするが、うまく伝えられずトラブルになることもある。

月前半（第1〜2週）

活動内容

ねらい
- 保育者に手伝ってもらいながら身の回りのことを自分でやろうとする。
- 保育者といっしょに体を使った遊びを楽しむ。

養護
- スプーンを下持ちで食べようとする。
- 保育者といっしょにトイレに行くことが習慣になってくる。
- 衣服の着脱を手伝ってもらいながら自分でやろうとする。
- 遊び疲れて布団に横になるとぐっすり眠る。

教育
- 思いどおりにいかないとかんしゃくを起こしたりしながらも、自分を表現しようとする。
- 鉄棒にぶら下がったり、はんとう棒に上ったりと、体を動かすことを楽しむ。

保育者の援助と環境構成

- スプーンの持ち方を知らせつつ、下持ちで持てるようにそばに付く。
- 排尿間隔に合わせてトイレに誘い、ペーパーの取り方も教えていく。
- 固定遊具で遊ぶ際は必ず横に付き、転倒、落下に十分気をつける。

個別配慮

Aちゃん
- 朝は泣かずに入室し、自分の好きな遊びを楽しむが、思いどおりにならないと泣いてかんしゃくを起こす。また、自分でやりたい気持ちが強く、できないところを手伝ってもらうことを嫌がる。
- ＊思いどおりにはいかないこともあることを伝えながら、違う遊びへ誘っていく。
- ＊自分でできたことをほめて自信につなげ、できないところはそっと手伝って、できる喜びを感じられるようにする。

Bくん
- 三輪車に乗ったり、はんとう棒に上ったり、活発に遊んでいる。
- 排尿間隔が安定し、トイレに誘うと排尿できるので、午睡明けからはトレーニングパンツで過ごしている。
- ＊固定遊具から落下しないよう隣で見守り、できないところは補助しながらも楽しめるようにする。
- ＊自信をもってできるようそっと声をかけ、できたときはほめて自信につなげていく。

保育資料

【うた・リズム遊び】
- かえるのうた　・かたつむり

【自然遊び】
- 砂遊び　・泥んこ遊び

【運動遊び】
- 一本橋　・二本橋渡り　・トランポリン

【表現・造形遊び】
- 模倣遊び　・たんぽスタンプ　・新聞紙ちぎり

【絵本】
- あめふりくまのこ　・ちいさいモモちゃん

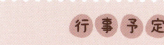

今月の保育のねらい

- 簡単な身の回りのことを自分でやろうとする。
- 全身を使った遊びをする。
- 言葉で話す楽しさを感じる。

行事予定

- 耳鼻科検診
- 誕生会

月後半（第3〜4週）

- 雨の日でも室内で体を動かす遊びをする。
- 友達や保育者との会話を楽しむ。
- 園庭で幼児といっしょに泥んこ遊びを楽しむ。

- おやつのあと、ブクブクうがいをする。
- できないときは「やって」と保育者に伝える。

- 巧技台やマットを使って高い所からジャンプする。
- 簡単なひも通しを楽しむ。
- パズルやお絵かきなど友達と同じことをやろうとする。
- 友達に自分の言葉で伝えようとする。
- 保育者の仲立ちで、友達とままごとなどのごっこ遊びを楽しむ。

- 保育者もいっしょにやることで、うがいのしかたを知らせていく。
- 梅雨の時期は、走る・跳ぶ・登る・押す・引っ張るなど、全身を使った遊びを取り入れて、発散できるようにしていく。
- 仲立ちしながら気持ちを言葉で伝えられるようにする。

今月の食育

- 保育者といっしょに食事を楽しむ。
- 下持ちでスプーンを持って自分で食べようとする。
- 旬の野菜を食べ、苦手な食べ物もひと口食べてみようとする。

保護者支援・地域との連携

- 汗をかきやすい時期なので、着替えやシャワー用タオルなどの準備をしてもらう。
- 保護者が迎えに来たときに、友達とのやりとりを話せるようにしておく。

職員間の連携

- 戸外に出られないこの時期の遊び方、室内の使い方などをしっかり話し合い、けがにつながらないようにする。
- 友達とのやりとりのなかでトラブルになりやすいので、保護者への伝え方などを話し合っておく。

自己評価の視点

子どもの育ちを捉える視点

- 保育者と体を使った遊びを楽しめたか。
- トイレに興味をもったか。または、慣れてきたか。

自らの保育を振り返る視点

- 体を動かす保育ができたか、またそのための準備、連携はできたか。
- 子どもへの援助、声かけが担任間で共通理解できていたか。
- トイレの使い方を伝え、排尿間隔を把握できたか。

月週案 ………… p54
日案・
保育の展開 ……… p60

子どもの姿と保育のポイント

● プール遊びは月齢に合わせて

　2歳児は乳児と幼児の間で、体力もだいぶついてきます。当園では、月齢の高い子は幼児クラスの子どもたちといっしょに屋上のプールで遊びます。保育者といっしょに準備体操し、シャワーを浴びてプールへ。じょうろやバケツ、小さな器に水を入れてままごと遊びを楽しんでいます。

　月齢の低い子は、ゆったり入れる時間を作ります。冷たい水を嫌がったり怖がったりする場合には無理強いせず、1歳児の湯水プールに入って遊べるようにします。

　けがをせずに気持ちも満たされた状態で夏の暑い時期を乗り切って遊べる環境作りを心がけます。

　体調の変化には十分気をつけて、遊んだぶんはしっかり休息を取れるよう、静と動の時間を分け、快適な夏を過ごせるようにしましょう。

● 苦手な食べ物が出始める

　夏の暑さで食欲が落ちてくることもあります。

　子どもの様子を見ながら、暑さを乗り切るためにもしっかり食事をとれるよう関わります。

　苦手なものが出始め、「これやだ！」「あれやだ！」と言うことが出てきます。「一口がんばろう」の声かけで食べられたときは、みんなで「すごいねぇ」といっぱいほめます。ほめられると誰でもうれしいものです。また、自信にもつながります。

　苦手なものを食べられた日は、お迎えのときに「今日は苦手な○○を食べたんですよ」と報告することで、保護者はもちろん子どももうれしくなります。日頃の何気ないコミュニケーションで信頼関係もより深まるので、お迎えの一言を大事にしましょう。

今月の保育ピックアップ

新要領・新指針の視点で

保育者の援助
お気に入りの絵本は何度も読み聞かせて

「これ読んで」と好きな絵本や紙芝居を本棚から持ってきて、何度も読んでもらうことを喜ぶようになります。保育者は何度も読み聞かせをし、言葉の繰り返しや、やり取りを楽しみながらイメージがふくらむようにしていきます。子どもたちに人気のある絵本は複数準備するなど、絵本の時間を十分に楽しめるように、環境作りも大事にしていきます。

子どもの活動
友達のまねっこ

友達といっしょに遊ぶ楽しさを味わうなかで、いろいろな物に興味を示し、触ってみたり、友達のまねをしてみたり……。
まねっこから始まる興味を大事にします。

7月のテーマ

ゆったりとした生活リズムの中で快適に過ごす。

子どもの活動
幼児クラスといっしょにプール遊び

自分のプールバッグを持ち、張り切ってプールへ行きます。まだまだおむつの子もいるので、必ずトイレに行ってからプールへ行きましょう。
大小2つのプールに2歳児、幼児クラスと分かれて入ります。お兄さん、お姉さんにおもちゃを貸してもらったり、頭をタオルで拭いてもらったりと、何気ないやりとりがほほえましく繰り広げられます。

子どもの活動
コーナー遊び

好きな遊びを、友達や保育者と楽しむようになります。子どもたちが自分で遊びを考え、満足できるようにコーナーを設けます。おもちゃは、多過ぎない、ほどよい数をそろえます。また、死角ができないよう、保育者の座る位置にも留意が必要です。

7月 月週案

前月末の子どもの姿
- 保育者や友達との関わりが増え、いっしょに遊ぶことを楽しむなかで語彙を増やしている。
- 水や泥に触れて感触や変化を楽しんでいる。
- 夏の行事に興味を示す様子が見られる。

月前半（第1～2週）

ねらい
- 星に興味をもち、七夕の集いに楽しく参加する。
- ごっこ遊びを通して友達とのやりとりを楽しむ。

活動内容

養護
- 食前・食後の挨拶ができるようになる。
- 尿意や便意をしぐさや言葉で知らせようとする。

教育
- 保育者の手を借りながら衣類をたたんでかばんにしまう。
- 七夕や夏の歌をうたって楽しむ。
- 泥遊び、水遊びなど夏の遊びを楽しむ。
- 友達と手をつないで自然に触れながら散歩を楽しむ。

保育者の援助と環境構成
- 子どもが安心して排尿、排便できるように、そばで見守る。
- 自分で衣類をたたもうとする気持ちを大切にしながら、やり方を知らせていく。
- 夏の歌をいっしょに楽しみながら、身ぶりや手ぶりで歌詞を表現する。

個別配慮

Aちゃん
- 登降園時はタオルが手放せないが、園ではかばんに入れている。
- パズルが好きで、時間をかけて完成させている。
- 手足の力が弱く、固定遊具に登るとき支えが必要なときもある。
* 他児といっしょに行動することがまだ難しいが、保育者が間に入って思いを言葉にすることで、納得できるようにする。
* パンツで過ごせるようになってきているので、排尿間隔に合わせてトイレへ誘っていく。

Bくん
- 友達同士でままごと遊びを楽しむが、取り合ってけんかになることもある。
- 暑さのせいか食欲が落ちてきているが、介助すると食べる。
* けんかを見守りつつ、声をかけて仲立ちしていく。
* 保育者もいっしょに食べながら、自分で食べられるように声をかけていく。

保育資料

【うた・リズム遊び】
- たなばたさま　・わにのうた　・はなび

【自然遊び】
- 泥んこ遊び　・ぶどうの実探し

【運動遊び】
- プールでわに泳ぎ

【表現・造形遊び】
- 色水遊び

【絵本】
- そら はだかんぼ！　・そらまめくんのベッド

今月の保育のねらい

- 生活や遊びのなかで、言葉のやりとりを楽しむ。
- 夏の遊びを通して友達との触れ合いを楽しむ。

行事予定

- 七夕の集い
- 夏祭り花火大会
- 誕生会

月後半（第3～4週）

- 保育者や友達と水遊びを楽しむ。
- 衣服のたたみ方を知り、自分でかばんにしまう。

- 食後、ブクブクうがいをする。
- 手が汚れていることに気づき、せっけんを使って自分で洗おうとする。
- トイレの使い方が少しずつ身についてくる。

- 絵の具に親しみボディーペインティングを楽しむ。
- 夏の歌を楽しみながら水遊びをする。
- いっしょにごっこ遊びを楽しみながら言葉の意味を知る。
- 保育者や友達といっしょに盆踊りを楽しむ。

- 保育者といっしょにうがいをし、やり方を伝えていく。
- 自分で清潔にしようという気持ちがもてるようにして、洗い方を知らせていく。
- 子どもの話に耳を傾けて伝えたい言葉を代弁して、言葉で伝える楽しさを知らせる。

今月の食育

- 食べ物に興味をもつ。
- 食材の名前を知らせる。
- フォークを持っていない手で食器を支える。

保護者支援・地域との連携

- 水遊びが始まるので毎日の用意を知らせ、持ち物の確認をする。また、感染症についても知らせ、健康状態をよく見てもらうようにする。

職員間の連携

- 水遊びのやり方をクラス担任や他年齢の担任と話し合い、連携できるようにする。
- トイレトレーニングをするなかで、排尿間隔や、パンツにしていく子どもを確認し合っていく。

自己評価の視点

子どもの育ちを捉える視点
- 自分から友達や保育者に声をかけたり、遊びのなかに入っていったりしたか。
- 上着やズボンの着脱を、自分でできるところまでやろうとしていたか。

自らの保育を振り返る視点
- 男の子は立って行うなど、トイレでの排尿のしかたを伝えられたか。
- コーナー遊びを楽しむためにおもちゃの見直しを行ったか。
- 安全に水遊びができるよう準備できたか。
- 着替えが自分でできるよう準備し、声かけができたか。

月週案 ………… p58
日案・
保育の展開 ……… p60

子どもの姿と保育のポイント

衣服を自分で着替えようとする

　夏は汗や泥などで衣服が汚れがちです。汚れたことに子どもが気づくような声かけをして、保育者といっしょに着替えられるようにします。また、着替えを介助するなかで、前後や表裏にも気づけるよう伝えていきます。

　汚れた衣服はたたんでかばんへ入れたり、汚れ物袋へ入れたりします。どちらに入れるか判断がつきにくいので、保育者がそのつどわかりやすく話をすることで「自分でやる！」につなげます。できた喜びを大切に、さりげなく介助をしましょう。

　保護者には毎日引き出しに入れる衣服の枚数を確認して、子どもが困らないよう準備してもらいます。

夏休みを安全に過ごすために

　休みの過ごし方は各家庭で違います。どうしても大人の時間が基準になってしまい、生活リズムが乱れがちに……。暑い時期なので、遠出や寝不足のときは1日ゆったりした時間をとれるように、クラスボードや保健だよりで知らせていきましょう。

　夏は、事故やけがも増えがちなので、休みに入る前には個別にも声をかけ、気をつけてほしいことを伝え、楽しい夏休みが過ごせるようにします。

　休み明けの受け入れでは、いつも以上にていねいに視診・触診を行い、休み中に変わりがなかったかを保護者ときちんと話してから預かります。

　子どもたちは休み中楽しかったことをいっしょけんめい伝えてくれます。一人ひとりと話す時間を作り、会話を楽しみましょう。

新要領・新指針の視点で 今月の保育ピックアップ

子どもの活動

友達といっしょに歌や踊りを楽しむ

保育者のピアノに合わせて、いっしょに季節の歌をうたったり、好きな踊りを友達と楽しんだりします。また、盆踊りや体操も取り入れながら、体を動かしましょう。夕方の涼しくなった園庭で盆踊りをする幼児クラスの子どもたちに交ざり楽しみます。

子どもの活動

戦いごっこに夢中

男の子のなかには戦隊ものに目覚める子もいて、戦いごっこが増えてきます。しかし、まだ力加減がわからず、トラブルに発展することも。保育者は、「本当のパンチじゃなくて、まねっこパンチが上手な戦い方だよ」などと声をかけ、力の加減を伝えていきます。

8月

8月のテーマ

友達や異年齢児と触れ合いながら夏の遊びを楽しむ。

保育者の援助

尿意のサインを見逃さない

活動の節目にトイレに行く経験を重ねることで、尿意や便意がわかるようになり、言葉や動作で知らせるようになります。保育者は、サインを見逃さないようにします。

これもおさえたい!

順番がわかるようになる

友達や異年齢児との間で「入れて」「貸して」「いいよ」など、簡単な言葉のやりとりをするなかで、遊具の交代や順番がわかるようになってきます。
しかし、時には待つことができずに、取り合いになることも。保育者が見守ったり、必要なときは代弁したりして、いっしょに待ちながら理解できるようにしていきます。

57

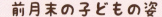

8月 月週案

前月末の子どもの姿
- 自分でやろうとする意識が芽生えてくるが、甘える姿もある。
- 友達や保育者といっしょに、プール遊びを楽しむ。
- 跳んだりくぐったりなど、体を使った遊びを好んでいる。

月前半（第1〜2週）

ねらい
- 友達や異年齢児と夏の遊びを楽しむ。
- 尿意や便意を知らせる。

活動内容

養護
- おやつ後のブクブクうがいを自分から進んで行う。
- 手や口の回りが汚れたら自分で拭こうとする。
- 衣服が汚れたら保育者といっしょに着替える。

教育
- 体の異常を、「ここ痛い」など言葉で訴え始める。
- 走ったり跳んだり上ったりと、全身を使った遊びを楽しむ。
- プールで顔や体に水をかけたり、手足をバタバタさせたりして楽しむ。

保育者の援助と環境構成
- ズボンやパンツを下げたまま排泄することを伝えていく。
- けんかなどで気持ちの葛藤を経験するなかで、相手の気持ちを少しずつ知らせていく。
- 外気温との差を考慮し、温度設定に十分気をつける。
- 巧技台や平均台など、体を使った遊びを取り入れる。

個別配慮

Aちゃん
- トイレで排尿できるようになり、パンツで過ごせる時間が増えた。
- ごっこ遊びでのやりとりができるようになり、友達と楽しそうに会話している。
- 階段の上り下りをするときや走るときは慎重で、友達にぶつかられると怖がる。
- ＊便秘気味なので、保護者との連携を密にしていく。
- ＊けんかでは、相手の気持ちを少しずつ理解できるよう仲立ちする。

Bくん
- 布おむつだとトイレで排尿できるが、パンツにすると漏らしてしまうことが多い。
- 簡単な身の回りのことを自分でできたときはうれしそうにする。
- ＊布おむつで様子を見ながら、パンツで過ごせる時間が長くなるように、体調に合わせて進める。
- ＊自分でできたときには大いにほめて、自信につなげていく。
- ＊食が細いので、一定量を摂取できるよう介助する。

保育資料

【うた・リズム遊び】
・すいか　・みずでっぽう

【自然遊び】
・水遊び　・せみの抜け殻探し

【運動遊び】
・プール

【表現・造形遊び】
・小麦粉粘土　・ボディーペインティング

【絵本】
・三びきのやぎのがらがらどん
・とんでけとんでけおおいたい！

今月の保育のねらい

- 自分でできることを喜び、身の回りのことを意欲的にやろうとする。
- 夏の遊びを楽しみ、午睡などの休息を十分にとる。

行事予定

- 誕生会

月後半（第3〜4週）

- 生活リズムを整えてゆっくり過ごす。
- 経験したことを自分なりの言葉で伝える。

- スプーンを下持ち、つまみ持ちで持つ。
- 身の回りのことでできないときには、「やって」と言えるようになってくる。

- 夏の歌や手遊びを楽しむ。
- 畑の野菜の生長に興味を示し、異年齢児といっしょに収穫する。
- カブトムシなどに餌をやったり触れたりして、夏の虫や草花に興味をもつ。
- 自分の物と友達の物の区別がつく。

- スプーンで食べるよう声をかけながら、反対の手は食器に添えるよう伝えていく。
- セミやカブトムシが見やすいように飼育ケースに入れて、触ったあとの手洗いなども声をかけていく。

- 休み中の出来事を伝え合い、友達との会話を楽しめるように仲立ちをする。

今月の食育

- 食材の名前を知る。
- 給食を全部食べられたらほめて、完食する喜びを味わう。

保護者支援・地域との連携

- 暑い時期なので、遠出や寝不足で疲れすぎないようにして、健康管理に十分に注意してもらう。
- 夏休みを家族とともに楽しんでもらう。

職員間の連携

- 室内遊びのおもちゃを見直し、子どもたちに合った物を準備する。また消毒をしっかり行う。
- 暑くなってきているので水分補給をしっかりと行い、休息のとれる保育の流れを確認し合う。

自己評価の視点

子どもの育ちを捉える視点
- スプーンを個々の持ち方（上持ち、下持ち）で食事ができたか。
- プール（水遊び）を、友達や保育者と楽しんだか。
- 自分の着替えをかばんにしまえたか。

自らの保育を振り返る視点
- プールバッグを持って階段を上り下りする際に、しっかり声かけできたか。またそれを子どもたちに事前に伝えられたか。
- 一人ひとりの体調管理に目を配り、視診・触診をしっかり行えたか。

7月7日(金)

前日までの子どもの姿	●できたことをうれしそうに見せに来たり、ほめてもらったりすることを喜んでいる。 ●トイレに誘うと嫌がって行こうとしない。

ねらい	●簡単な身の回りのことをする。 ●夏の伝統行事を楽しむ。	主な活動	●七夕の集い

時間	子どもの活動内容	保育者の援助	環境構成など
7:00	●早番受け入れ	●連絡帳で体調を確認し、保護者から家庭での様子を聞き、笑顔で受け入れをする。 ●子どもに声をかけ、いっしょに片づける。 ●おむつにおしっこが出ていない子はトイレへ誘う。	●前日からの伝達がないか早遅ノートをチェックし、朝の受け入れで伝達事項があったときは、ノートに記入しておく。
9:00	●お片づけ ●トイレ・おむつ交換・手洗い		
9:20	●おやつ ●うがい・手洗い ●トイレ・おむつ交換 ●七夕の集いのため、ホールへ移動	●牛乳が苦手な子は、一口でも飲むよう声かけをする。 ●帽子をかぶり、クラス半分ずつ階段を降りる。	●おやつ後のうがいを1グループずつできるよう、待っている時間に見せるペープサートやパネルシアター等を準備しておく。
9:45	●七夕の集い ・幼児クラスといっしょに七夕の歌をいっしょにうたう。 ・七夕のパネルシアターを見る。 ・笹飾りの前で記念撮影をする。 ●園庭遊び	●ピアノに合わせて、みんなでいっしょにうたう。 ●七夕の由来を、パネルシアターでわかりやすく子どもたちに伝える。 ●笹飾りを見せながら、どんな飾りを作ったかをみんなで見る。 ●順に園庭に出て、体を動かして遊べるようにする。 ●固定遊具には保育者が付き、危なくないよう見守る。	●季節の歌をピアノに合わせてうたえるよう、練習しておく。 ●事前に飾り用の折り紙と短冊を保護者に渡し、作成してもらえるようにする。 ●保育者同士が固まらないよう、固定遊具に1人ずつ付く。

時間	子どもの活動内容	保育者の援助	環境構成など
11:20	●手洗い・トイレ・おむつ交換 ●食事	●手洗いを見守り、一人ずつしっかりと洗えるよう介助する。 ●自分のエプロンを探せるよう、かごに入れて置いておく。 ●苦手なものも一口頑張って食べられるよう声かけをする。食べられたときは、笑顔でほめて自信につなげる。	●一人ずつしっかり洗えるよう石けんを準備しておく。 ●エプロンやタオルの名前は大きく書いてもらうよう、保護者に伝える。
12:20	●着替え ●トイレ・おむつ交換 ●午睡	●自分でパジャマに着替える間に、体に発疹等がないかチェックする。 ●パジャマを着やすいよう広げる。 ●安心して眠れるようトントンする。	●着替えのカゴは、子どもたちが出し入れしやすい高さに置くようにする。
14:45	●トイレ・おむつ交換・手洗い ●おやつ ●うがい・手洗い	●起こしたら着替えを手伝う。 ●おむつにおしっこが出ていない子はトイレへ誘う。 ●季節の歌をいっしょにうたいながら、全員がそろうのを待つ。	
16:00	●トイレ・おむつ交換 ●室内自由遊び ●順次降園	●時間を見て、子どもの排尿間隔に合わせてトイレへ誘う。 ●保護者には、降園時に今日の様子を伝える。	●エプロンやタオルの入れ間違いがないかチェックする。 ●1日の出来事をふり返り、早遅ノートに伝達事項を記入する。

自己評価のポイント

●七夕の集いの進行を事前に把握し、参加できたか。また事前準備を他クラスと連携して進められたか。
●子ども一人ひとりの排尿間隔を把握できているか。

6・7・8月 保育の展開

保育参加

保護者が「1日先生」に

保護者が園生活の様子を見る保育参観の他、1日保育者になる保育参加を行う園も増えています。実施のポイントを見てみましょう。

🌸 事前にアンケートを実施する

　保育参加を有意義にするために、案内を出します。出欠の確認をし、参加型・参観型のどちらがよいかや、子どもたちのどんな姿を見てみたいかなど、アンケートをとっておきます。

　日時は年度初めに設定して案内を出しますが、基本的にはいつでも保育の様子を参観したり、保育に参加したりできることを伝えておきます。

🌸 当日はいっしょに保育を行う

　参加型の場合は、保護者も保育者と同じエプロンをつけ、いっしょに保育に入ってもらいます。おむつ替えや口の拭き取りなどの他、時間がある場合は絵本や紙芝居の読み聞かせもお願いします。また、いっしょに検食してもらい、食事が終わるまで参加してもらいます。

🌸 終了後に感想を聞く

　保育参加後には、保護者に感想を聞きます。心配事などを聞いたり、日頃の保育の様子を保護者に伝えて質問を受けたりします。

　「またいつでも来てくださいね」と、次も気軽に来園してもらえるよう声かけをしましょう。

懇談会の進め方

年度最初の懇談会では、あらかじめ保護者へ伝えたいことをまとめておくほか、保護者が話す時間も十分にとると有意義なものになります。

6・7・8月 保育の展開

案内と出欠確認をする

保護者にはあらかじめ、年間予定表で懇談会の日にちを知らせておきます。1か月前には案内を配布して出欠の確認をします。その際アンケートをとり、日頃の家庭での様子や気になっていること、困っていることなどを記入してもらいます。

懇談会当日の流れ

当日は、会議室のような部屋を利用して、日頃顔を合わせることがあまりない保護者同士が時間を気にせずに十分話し合えるようにします。誰の保護者かわかるように、名札を作っておきましょう。

最初に担任や早番、遅番など保育者を紹介し、園での子どもの様子を伝えます。そのあとは、保護者が困っていることや悩んでいること、ほかの保護者に聞いてみたいことなどを話し合います。保育者はあいづちをうったり、助言を加えたりしながら会を進めていきます。

資料は親しみやすく

事前に担任間で話し合い、資料を作成します。堅苦しくならないように、イラストなどを交えてわかりやすい文章で書き、当日保護者に配布します。

資料には、アンケートで保護者が寄せた困りごとに応えるような形で、「いやいや期の上手なつき合い方」などといった内容を盛り込むとよいでしょう。

保護者同士も話す時間をとる

会の後半の15分ほどは保護者同士でゆっくり話せる時間を設けます。「○時になったらお迎えをお願いします」などと伝え、担任は席を外しましょう。

6・7・8月 保育の展開

季節の健康

プールを安全に楽しむには

水が好きな子も苦手な子も、みんなで楽しめるプール遊びにしたいですね。プールの安全管理は、しっかり行いましょう。

🌸 備品や手順をチェック

事前にプール遊びで使うおもちゃやバケツ、たらいを準備し、消毒します。幼児クラスと同じ大きなプールに入る場合は、おもらし用の消毒バケツも準備しておきます。日よけネットを張って、直射日光が当たらないようにする他、すだれを使用して外から見えないように工夫します。

🌸 プール遊び中も目を離さない

プールに入る前におたより帳のプール記入欄を担任全員でチェックし、把握します。そのあと体操をしっかり行い、シャワーを浴びて順に入ります。

遊ぶ様子やおもちゃの破損がないかなどに気を配り、子どもたちが楽しめるよう見守ります。

🌸 プールを片づける際は

夏期のプール遊びがすべて終わったら、来年度に向けて購入した方がよいもの（消毒薬・おもちゃ・たらいなど）を保育者間で確認し、一覧表を作って来年度に申し送ります。

また使用したおもちゃやたらいはすべて消毒し、しっかり天日干しして、決められた場所に片づけます。片づけた場所は記録しておき、来年度に引き継ぎます。

🌸 約束事はしっかり伝える

プールに入るときの約束事をクラスで子どもたちにしっかり伝えておきます。入る前にも約束事を伝えて確認し、けがなく楽しめるようにします。

季節の健康

注意したい夏の病気

夏、もっとも気をつけたい熱中症などの予防と発生したときの対応について、個別に見てみましょう。

とびひ

とびひは、法による登園制限のない感染症ですが、症状によって医師の判断により登園できなかったり、自治体によっては、治癒後に登園する際に登園許可書が必要な場合があります。

虫刺されからとびひになることもあるので、虫に刺されたときは水で洗い流し、腫れやすい場合は冷やします。

また、とびひになりかかっているときは、保護者に早めの受診を勧めます。

熱中症

戸外はもちろん、室内でも熱中症になります。こまめな水分補給を行いましょう。戸外遊びでは木陰の下で遊べるように遊び場所を設定したり、プールでも紫外線遮断シートなどを上に張ったりして気をつけます。

活動から次の活動へ移る合間に、視診・触診を行います。体調の変化には十分配慮し、保育にあたるようにします。

その他の感染症

プール熱やヘルパンギーナなど、夏に流行する感染性の病気もあります。感染した子が出たときは掲示で保護者に知らせます。また伝染予防のためにも、病院を受診するときは園で感染者が出ていることを伝えてもらうよう、保護者に声をかけます。

6・7・8月 保育の展開

6・7・8月 保育の展開

散歩・防災 夏の散歩と防災

歩くことにも慣れるこの時期ですが、木陰を歩いたり水分補給をしたりして、熱中症には気をつけましょう。

散歩 歩くことに慣れてくる時期

散歩へ出る回数が増え、歩くことに慣れてきます。この頃からは前を見てしっかり歩くよう声かけをします。

暑い日は木陰のある公園や近くの植物園などに行き、この時期ならではの散歩を楽しめるようにしましょう。水分補給は忘れずに行い、熱中症に気をつけます。

散歩 じゃぶじゃぶ池に行こう

夏の散歩ではじゃぶじゃぶ池に行きます。実地踏査（下見）を必ず行います。事前に職員間で、危険箇所の確認や注意することなどについて話し合いをしてから出かけましょう。

じゃぶじゃぶ池には他園や近隣の子どももいるので、入るときには付き添いの方に声をかけてから入るようにします。またお茶を多めに持参し、熱中症にも気をつけます。

防災 さまざまな避難経路を経験する

不測の事態にも対応できるよう、さまざまな経路を使った避難訓練を行います。避難経路が他クラスと重ならないかを確認し、ぶつからないように声を出しながら避難誘導します。避難訓練のときだけでなく、日常の保育のなかで、避難用の靴を履いたり、紙芝居や絵本で火事や地震の怖さや避難方法を伝えていったりします。

スムーズな進め方と家庭との連携

トイレトレーニングは、子どもに合わせて行うことが必要です。家庭の協力も得ながら、子どもがストレスを感じることなく進められるようにしましょう。

6・7・8月 保育の展開

排尿の間隔を把握する

一人ずつの排尿間隔を知ることから始め、保育者間の共有情報としてしっかり把握するようにします。

トイレに慣れる

便座に座りたがる子どもは、尿が出る出ないに関係なく便座に座らせ、トイレに慣れていくようにします。単なる遊びに終わらないよう、手洗いまでしっかり見守りましょう。

また、子どもがトイレを嫌いにならないよう明るい雰囲気作りをし、トイレ内の空気の入れ替えなどもしっかり行って清潔感を保つようにします。

各活動の前後にトイレに誘う

活動の前後におしっこが出ていない子をできるだけトイレに誘い、トイレで排尿できる回数を増やしていきます。特に午睡後はおしっこが出やすいので、いっしょに付き添い、排尿できるようにします。トイレで排尿できたときはほめて自信へつなげ、保護者にも必ず伝えるようにしましょう。

家庭と協力して行う

トイレトレーニングを始めるときは、家庭でもトイレトレーニングに取り組むよう声をかけ、できるだけ便座に座り、トイレで排尿することが習慣づけられるようにしていきます。ただし、無理のないよう進めていくこと、嫌がったら無理やり便座に座らせる必要はないことを保護者に伝えておきます。子どものペースに合わせ、ストレスにならない程度に進めましょう。

67

9月

月週案 ………… p70
日案・
保育の展開 …… p84

子どもの姿と保育のポイント

●「やだやだ」は自立への一歩

「やだ」「自分で」という言葉は、子どもが「こうしてみたい」「こうありたい」という"願い"に向かっていることの表れです。

"願い"とともに「できるかな？」という不安や葛藤も生まれます。保育者や保護者は待ちきれずにせかしたり手を出してしまったりしますが、時間がかかっても自分で乗り越えたいのが２歳児です。子どもが、乗り越えていく姿を認め、保育者と保護者でいっしょに見守っていきましょう。

●語彙の数がグンと増える

満２歳の語彙数は約300〜500語ですが、３歳になる頃には約1000語になるといわれます。いろいろなことへの興味が発語につながります。「大きい⇔小さい」など反対語もわかり始め、脳はフル回転しています。

脳が活発になっていることに加え、生活リズムが一定になってきたことで夜泣きや寝言が増えます。それは記憶力が増し、昼間の経験が夢に出てくる、精神面の発達の表れです。

言葉の数は、日常の何気ない経験の積み重ねで増えていきます。食事・着脱・排泄・遊びと何事にもいっしょうけんめい取り組んでいる子どもの姿を大事にしていきましょう。

今月の保育ピックアップ

新要領・新指針の視点で

子どもの活動
動きが一段と活発になる

運動会の練習を通し、走る・跳ぶ・上る・くぐる・ぶら下がるなど、全身を使った遊びをするようになります。鉄棒にぶら下がってみたり、巧技台に手足を使って上ってみたりと、できるだけ全身を使った運動を取り入れます。また、幼児クラスの子どもたちの全身運動の様子を、「すごいねぇ」と共感しながら見る時間も作りましょう。

子どもの活動
屋外で集団遊びを

しっぽ取りや簡単な色鬼など、屋外での集団遊びができるようになってきます。まずは保育者が鬼になるなど、子どもたちが楽しんでできる方法で始めましょう。

9月のテーマ

保育者や友達と全身を使っていろいろな運動遊びを楽しむ。

保育者の援助
言葉で伝えることを大切に

してほしいことを言葉にするのはまだまだ難しい時期ですが、できるだけ伝えられるように援助します。子どもの気持ちを保育者が受け止めて言葉にするなど少しずつでも自ら伝えることを大事にしましょう。また子どものサインを見落とさぬように、大らかな気持ちで待ちます。

これもおさえたい！
食後のブクブクうがいを習慣に

おやつ後、昼食後にはブクブクうがいをする習慣をつけていきたいですね。水遊びになってしまうことも多いですが、保育者が隣についていっしょにブクブクうがいの練習をしていきましょう。

9月 月週案

前月末の子どもの姿
- 保育者や友達との言葉のやりとりができるようになってくる。
- 生活を取り入れたごっこ遊びを楽しむ。
- 歌に合わせて、簡単なリズム楽器を鳴らして楽しむ。

月前半（第1～2週）

ねらい
- さまざまな遊具や用具を使った運動遊びを楽しむ。
- 紙をちぎったり破いたり貼ったりと、指先を使って楽しむ。

活動内容

養護
- 脱いだ衣服をたたもうとする。
- 鼻水が出たら保育者に伝えようとする。

教育
- 巧技台の高さを変えて跳んでみたり、フラフープをくぐったりと全身を使って楽しむ。
- ごっこ遊びを楽しむ。
- おもちゃの貸し借りをしたり、順番を待とうとしたりする。
- 自分の思ったことを言葉で伝え、やりとりを楽しむ。

保育者の援助と環境構成
- 子どもの成長に合わせた巧技台などを準備して、できた喜びをいっしょに味わう。
- 洋服のたたみ方を伝えて、たたみやすいように広げる。
- 新聞紙やいろいろな紙を準備して、破って楽しめるように準備する。

個別配慮

Aちゃん
- 座って遊べるパズルやお絵描きをじっくり1人で楽しむが、途中で片づけになると、泣いて切り替えができないときもある。また、戸外では砂遊びやままごと遊びを楽しむ姿が多い。
- 苦手なものも保育者や友達の声かけで食べられる日もある。
- ＊量を調整し、完食できる喜びを味わえるようにしていく。
- ＊じっくりと遊べる時間を大切にして次に切り替えていけるよう、本人が納得できるような声かけをしていく。

Bくん
- ブクブクうがいが上手にできるが、水遊びになることが多い。
- 暑さのせいか食欲が落ちてきているが、保育者の介助で一定量は食べられている。
- ＊保護者との連携を密にして、体調を見ながら食事がしっかりとれるようにしていく。
- ＊ほめる声かけで、遊んでいることに気づけるようにする（「うがい上手だね」「コップもしまえてすごいね！」など）。

保育資料

【うた・リズム遊び】
- うんどうかい　・とんぼのめがね　・リトミック

【自然遊び】
- ねこじゃらし探し　・葉っぱ遊び

【運動遊び】
- 鉄棒のぶら下がり　・かくれんぼ
- 椅子取りゲーム

【表現・造形遊び】
- ひも（ストロー）通し　・ビーズネックレス

【絵本】
- パパとあそぼう
- ねこのおいしゃさん

今月の保育のねらい

- 戸外で体を十分に動かす。
- 絵本や紙芝居を見たり聞いたりして、その内容やおもしろさを楽しむ。

行事予定

- 引渡し訓練
- 運動会
- 誕生会

月後半（第3～4週）

- 保育者といっしょに順番を待つ。
- せっけんで手をきれいに洗う。

- 暑い日はシャワーを浴びて気持ちよく過ごす。また、自分のタオルや着替えがわかる。

- 簡単なルールのある遊びを、みんなで楽しむ（椅子取りゲームなど）。
- 遊ぶ前に簡単な約束事を聞く。
- 絵本や紙芝居を楽しむ。
- 楽器を鳴らしながら、季節の歌をうたって楽しむ。
- 描いた物や作った物を、何かに見立てて遊ぶ。

- 全員が座れる椅子取りゲームから始め、保育者といっしょに楽しさを味わう。
- 遊びのなかで順番や交代があることを知らせる。
- 簡単な楽器遊びが楽しめるように、人数分の楽器を準備する。
- 一人ひとりの体調を十分に把握して、水分補給をしっかり行う。

今月の食育

- 保育者や友達といっしょに食べることで、いろいろな食べ物を食べようとする。
- 嫌いな食べ物が食べられたときは、家庭に知らせて、いっしょに喜ぶ。

保護者支援・地域との連携

- 室内を冷やしすぎないように注意する。特に、シャワーのあとは体が冷えないように配慮する。
- パンツへ移行する子が増えているので連携をしっかりとり、子どもに負担のない環境を作っていく。

職員間の連携

- 運動会に向け、体を動かす運動遊びを取り入れて準備していく。
- パンツに移行する子の排尿間隔を担任間で把握して、お互いに声をかけ合って進めていく。

自己評価の視点

子どもの育ちを捉える視点

- 遊ぶ前の約束事がわかったか。
- 楽器遊びを楽しんでいたか。
- 困ったときは保育者に伝えられたか。
- 自分のタオルや着替え（衣服）がわかるか。

自らの保育を振り返る視点

- 季節の歌に合わせた簡単なリズム楽器遊びを、子どもといっしょに楽しめたか。（準備、ピアノを含む）
- 運動会に向け、担任間でしっかり話し合って進められたか。
- まだ暑い日が続いているなかで、「静」「動」の時間をうまく作れたか。

9月

10月

月週案 ………… p74
日案・
保育の展開 …… p84

子どもの姿と保育のポイント

秋の散歩は宝探し

　なるべく多く散歩に出かけて、今しかできない宝探しをたくさんしたい季節です。
　子どもたちが歌をうたいながら大好きなどんぐりや松ぼっくりを探す姿は、見ていてうれしいものです。見つけたときの笑顔がキラキラ輝いていて、「やったね！」と保育者もいっしょに喜びます。見つけられない子には「葉っぱの下にあるかもよ」と、そっと耳打ちします。すると、宝探しのように目を輝かせます。
　見つけてきたどんぐりはお土産にしたり、製作に使ったりします。虫が出てこないように湯がいてから、腐らないように日干しします。日干しも子どもたちといっしょにすることで、楽しみができますね。

ブクブクうがいとガラガラうがい

　食後のブクブクうがいが上手になり、習慣になってきました。空気の乾燥で感染性の病気がはやる時期になってきたので、ガラガラうがいも取り入れていきます。ブクブクうがいは口の中のばい菌を、ガラガラうがいはのどのばい菌をやっつけるうがいであることを子どもたちに伝え、理解してもらったうえで進めます。
　戸外遊びのあとに、保育者が見本を見せながら少人数ずつ行います。
　冬はインフルエンザや胃腸炎が流行するので、保護者への声かけも行い、家庭でも子どもといっしょにガラガラうがいをしてもらうようにします。

今月の保育ピックアップ

子どもの活動

自分でしまう

使ったエプロンとタオルは、ブクブクうがいのあと、自分で袋にしまいます。また、ほとんどの子が、着替えた物をたたんでかばんにしまえるようになっています。

これもおさえたい！

自分の物と友達の物がわかるように

洋服が落ちていると、自分の物か友達の物かがわかるようになってきます。時には、保育者より詳しいこともあります。「○○○ちゃんのだよ」と友達に持っていったり、「それぼくの！」と伝えてくる子もいます。パジャマ袋や布団の柄からも、誰の物かがわかるようになってきます。

10月のテーマ

簡単な身の回りのことを自分からやろうとする。

子どもの活動

お皿に手を添えて

スプーンやフォークを使い、あまりこぼさずに食べることができるようになってきます。スプーンも上持ちから下持ち、つまみ持ちへと移行できるように、子どもに合わせて伝えます。「お皿には手を添えようね」と声をかけ、正しい食べ方を知らせています。

子どもの活動

トイレに行ってきます

声をかけられなくても、尿意を感じたら「トイレに行ってきます」と自分から言うようになります。また友達の言葉につられて、「私も行く」といっしょに行くことも。おもちゃを置いておくと取られてしまうから行きたくないと言う子もいるので、「おもちゃは先生が持っているよ」と声をかけて、安心して行けるようにしていきます。

10月 月週案

前月末の子どもの姿

- 自分でやりたい気持ちが芽生えてくるが、甘えることもある。
- 友達と関わって遊ぶことが増え、お互いにぶつかり合うこともある。
- 平均台や巧技台などで体を動かして遊ぶ。

月前半（第1～2週）

ねらい
- 簡単なルールのある遊びを、保育者や友達といっしょに楽しむ。
- 自分で手洗いをしたり、鼻をかもうとしたりする。

活動内容

養護
- 汚れた洋服を自分でかばんにしまいに行く。
- うがいをする。（ガラガラうがい）
- 男児は立って排尿し、女児は衣服を下ろして排尿する。

教育
- 保育者や友達と粘土でいろいろな物を作って楽しむ。
- 椅子取りゲームやしっぽ取りを楽しむ。
- 遊びのなかで、紙芝居や絵本のお話の登場人物になり、保育者や友達と楽しむ。
- おもちゃで遊びながら、色の名前や「多い・少ない」を知る。

保育者の援助と環境構成
- 遊びのなかで、間に保育者が入って色や数が意識できるように取り入れていく。
- こまめにトイレへ誘い、一人ひとりに合った援助をしていく。
- 保育者や友達といっしょに遊ぶなかで、ルールが理解できるよう知らせていく。

個別配慮

Aちゃん
- 友達とままごと遊びを楽しむ。自分でエプロンを着けられないときは保育者に「着けて」と伝える。
- 友達と手をつないで近隣の公園まで元気に歩いていける。公園でも追いかけっこやかくれんぼを楽しむ。
- ＊言葉で伝えられたことをほめ、友達と楽しむ姿を近くで見守る。
- ＊白線の内側を歩くように声をかけ、公園では体を動かして遊べるように誘う。

Bくん
- 1日パンツで過ごせるようになる。
- スプーンやフォークを使い、あまりこぼさず食べることができる。
- 集団遊びが好きで、始まると一目散に走って参加している。負けて悔しがる表情も見られるが、切り替えて友達を応援している。
- ＊タイミングを見ながらトイレに誘い、できたときはほめて自信につなげていく。
- ＊正しい姿勢で食べられるように知らせていく。

保育資料

【うた・リズム遊び】
- どんぐりころころ　・リトミック

【自然遊び】
- どんぐり拾い

【運動遊び】
- だるまさんがころんだ　・ポックリ遊び
- 椅子取りゲーム　・しっぽ取り

【表現・造形遊び】
- どんぐり製作　・粘土

【絵本】
- おおかみと七ひきのこやぎ

今月の保育のねらい

- 散歩に出かけて秋の自然に触れたり、全身を十分に使って遊んだりすることを楽しむ。
- 自分でやりたいという気持ちを大事にし、できた喜びを味わう。

行事予定

- おいもパーティー
- 誕生会

月後半（第3〜4週）

- 興味をもった言葉について質問したり、自分で使ったりする。
- 秋の自然に触れて、落ち葉などを見つけたり、集めたり、並べてみたりする。

- お皿に手を添えて食べる。
- 散歩先でおやつを食べる。
- 自分で着替えられた喜びを味わう。

- 散歩中などでも、落ち葉を拾いながら葉っぱの大きい・小さいを知る。
- ブロックやままごとでの見立て遊びを、友達や保育者と楽しむ。
- 「なんで？」「どうして？」などの質問が多くなる。

- 子どもたちが好きな絵本や興味をもちそうな本を選ぶ。また、ストーリーが長めの話も取り入れて、イメージがふくらむものにしていく。
- 衣服を自分で着脱しようとしているときは見守り、できたときはほめていく。
- 指先を使う遊びを取り入れて、ボタンの掛け外しにつなげていくようにする。

今月の食育

- 食後はブクブクうがいをする。
- 食器に手を添える。
- 食材に興味を示す。

保護者支援・地域との連携

- 活動量が多くなるので、動きやすく調整しやすい衣服を準備してもらう。
- 足に合った靴を用意してもらう。

職員間の連携

- 一人ひとりの成長や発達を担任間であらためて見直し、見通しの確認をする。

自己評価の視点

子どもの育ちを捉える視点

- 運動会の経験を通して、体を動かす遊びを楽しんでやることができたか。
- 暑い日が続くなか、十分な睡眠（休息）が取れたか。
- 自分の好きな遊びを楽しめたか。

自らの保育を振り返る視点

- 十分に体を動かす遊びを取り入れられたか。またそれを続けていけたか。
- 水分補給をこまめに行い、安心してぐっすり眠れるような環境設定ができていたか。
- 指先を使った遊びの準備が十分にできたか。

11月

月週案 ………… p78
日案・
保育の展開 ……… p84

子どもの姿と保育のポイント

● 絵本や紙芝居のおもしろさがわかるように

『あかずきんちゃん』や『おおかみと七ひきの子やぎ』などの童話に興味が出てきて、何度も同じ絵本を「読んで」とリクエストしてきます。話の内容を覚えると見立て遊びにもつながるので、繰り返し読むことを大切にします。

地震や火災の絵本を読むと真剣に見入り、読み終わった後質問すると、内容を理解していることがわかります。少しずつ災害や食育、保健の紙芝居も取り入れていきます。

なかには内容が理解できていない子もいますが、繰り返し読むなかで少しずつ理解できるようになっていきます。見やすい場所に座り、話に集中できるよう声をかけたりしましょう。

● 指先を使った遊びが楽しくなる

ストローネックレスやボタンはめ、小さい棒落としなど、指先を使ったおもちゃに、じっくり座って取り組めるようになります。特に女の子はそうした遊びを好み、おもちゃを出すのがわかると一目散にやってきます。

また箸の練習につながるように、トングで消しゴムをつかんだり、箸で粘土をつまんだりする遊びも取り入れます。少人数で落ち着いてできる環境設定を行い、興味がない子も順番に誘い、どれかひとつでもよいので保育者といっしょに取り組む時間を設けます。

小麦粉粘土や油粘土で、保育者といっしょに食べ物や電車などを作って、感触を楽しむ遊びも取り入れます。慣れてきたら用意する粘土の数を多くしていきます。これは3歳児クラスになると粘土は1人にひとつずつになるので、それにつなげていくためです。

今月の保育ピックアップ

子どもの活動

友達同士の関わりが増える

気の合う友達ができ、名前を呼び合っていつもいっしょにいるようになります。そのなかで、物の貸し借りを自然にしたり、貸したくなくてけんかになったり……。言葉でのけんかも、増えてきます。自分の気持ちを言葉にして伝えることを知らせ、友達とのやりとりを大切にできるよう援助します。

子どもの活動

見立て遊び

読み聞かせのお話をよく覚えていて、友達と見立てて遊んだり、各自役になりきってみたり……。見ているとほほえましくなる姿がたくさんあります。保育者もいっしょに見立て遊びを楽しみたいですね。

11月のテーマ

生活や遊びのなかで言葉の
やりとりを楽しみ
感じたことや考えたことを
自分なりに表現する。

保育者の援助

ほめることで自信につなげる

自分で脱いだり着たりする姿を保育者に見せたくて、「見てて」とうれしそうに話す姿が見られます。「すごいねぇ」とほめることで、なんでも自分でやってみようという自信につながります。

これもおさえたい！

戸外から帰ったら排泄・手洗いをする

生活の流れがわかるようになり、戸外から戻ると自らトイレに行って排泄し、せっけんで手洗いをする姿が見られます。友達に刺激され、よいことも悪いこともいっしょに行うようになるので、手洗いが水遊びになることも。保育者は声をかけながらも、なるべく自分たちでできるように見守っていきます。

11月 月週案

前月末の子どもの姿
- 休み中の出来事や思ったこと感じたことを、言葉で表現する。
- 音楽に合わせて体操をしたり、歌をうたったりする。
- 椅子取りゲームで座れないと、泣いて怒ったりする子がいる。

月前半（第1〜2週）

ねらい	●食べることに関心をもち、楽しんで食事をする。 ●簡単なことは見通しがもてる。	

活動内容

養護
- おやつの前や食事の前に手洗いをする。
- スプーンやフォークを下持ち、またはつまみ持ちで食べようとする。
- 日中はできるだけ薄着で過ごす。
- 難しいところを手伝ってもらいながら、衣服の着脱や片づけを最後まで自分でしようとする。
- 自分からトイレに行く子もいる。

教育
- 友達の様子（行動）を気にしながら遊ぶ。

保育者の援助と環境構成
- 朝夕の気温差に応じて、衣服を調整する。
- 衣服の着脱で難しいところはさりげなく手伝い、自分でできた満足感が得られるようにする。
- スプーン、フォークなどの下持ちが安定してきたら、つまみ持ちの持ち方を伝えていく。

個別配慮

Aちゃん
- 「お絵描きしたい」など、自分のやりたいことを言葉で伝えられる。
- 順番がわかるようになり、少しの時間なら待っていることができる。
- 活動量とともに食事の量も増え、一定量が食べられるようになる。
* 状況に応じた具体的な声かけをして、「貸して」と言うことや順番を守ることを繰り返し伝えていく。
* 完食できたことをほめ、苦手な食べ物のときは量を減らすことで食べられるように近くで見守る。

Bくん
- 歌が好きで、大きな声で楽しそうにうたう。
- 手先を使った遊びを好み、プラスチックチェーンをいくつもつなげて、できあがったときはうれしそうに見せてくれる。
- 順番は理解しているが、貸すことが嫌で「だめよ」と言う。
* 楽しくうたえる季節の歌を取り入れる。
* 物の貸し借りはトラブルになりやすいので、近くで見守りながらそっと声かけをし、気持ちを言葉で伝え合うことを大事にする。

保育資料

【うた・リズム遊び】
・もみじ　・やさいもグーチーパー

【自然遊び】
・落ち葉集め　・石落とし　・葉落とし

【運動遊び】
・ジャンプ遊び　・手遊び（1人遊びから2人組に）

【表現・造形遊び】
・はさみ（1回切り）　・折り紙

【絵本】
・あかずきんちゃん
・おおかみと七ひきのこやぎ

今月の保育のねらい

- 自然のなかで十分に体を動かし、秋の自然の物を見つける。
- 生活や遊びのなかで、保育者や友達と言葉のやりとりを楽しむ。

行事予定

- 作品展
- 七五三お祝い会
- 誕生会

月後半（第3〜4週）

- 色や形、数に興味をもつ。
- 食材の名前に興味を示す。

- 鼻水が出たことを保育者に伝えたり、自分で鼻をかもうとしたりする。
- おなかや頭の痛みを保育者に伝えようとする。
- 排便後、自分で拭こうとする。

- 巧技台を上ったり、ジャンプしたりする。
- 落ち葉の色や形に興味を示す。
- 友達と手をつないで、白線の内側を歩こうとする。
- 順番がわかってきて、友達に譲ることができるときもある。
- 折り紙を折ったりちぎったりして遊ぶ。

- 外遊びでは安全に遊べるように範囲を決めながらも、子どもの興味や状況に合わせて活動範囲を広げていく。
- 秋の自然に触れる機会を多くし、木の実や落ち葉で遊ぶなかで、子どもたちの気づきや発見に共感していく。

今月の食育

- 給食で秋の味覚を楽しむ。
- 食器を持って食べる。

保護者支援・地域との連携

- 話すことが楽しい時期なので、家庭でも子どもの言葉に耳を傾け、会話を楽しんでもらう。
- おたより帳が3歳児向けになっていくので、ホワイトボードでの説明をよりわかりやすいものにしていく。

職員間の連携

- 手先を使った遊びを取り入れていく。
- 引き続きうがいができるよう、様子を確認し合う。
- 秋を感じる遊びができるよう、保育のなかでどう取り入れていくか共通理解をしておく。

自己評価の視点

子どもの育ちを捉える視点

- 散歩へ行くとき、靴を自分で履けたか。
- 散歩先での約束事を理解して守れていたか。
- 折り紙やボタンはめなど、指先を使った遊びができたか。

自らの保育を振り返る視点

- 一人ひとり、靴の左右や面ファスナーが付けられるかの確認をできたか。
- 公園での年齢に合った約束事がきちんと伝えられたか。また、散歩先で秋の自然に十分触れられたか。
- 数や量などに興味がもてるように、遊びのなかに取り入れられたか。

月週案 ………… p82
日案・
保育の展開 ……… p84

子どもの姿と保育のポイント

● クリスマスを楽しみに

　子どもはクリスマスをとても楽しみにしています。ピアノに合わせて歌をうたったり、クリスマスの製作をしたりと、園内をクリスマスモードにします。

　サンタさんを理解している子は「サンタさんに○○もらうの」と話すようになります。サンタさんの話を絵本や紙芝居で見ながら、クリスマスを楽しく待ちましょう。

　子どもの期待や楽しみを引き出す環境設定は、親子の会話にもつながります。2歳児は出来事が発語のきっかけになり、会話につながります。そのなかで人に言葉で伝える手段を知ると、たたいたりかみついたりすることが減っていきます。季節を楽しみながら成長も楽しみたい12月です。

● はさみや折り紙にチャレンジ！

　クリスマスの製作をするにあたり、はさみにチャレンジ。危なくないように少人数で行います。いきなり形を切ることは難しいので、細い紙を準備して1回切りをします。1回切りを繰り返すなかで、はさみの持ち方を知り、切る楽しみを覚えていきます。子どもが自分で切った物は、製作で使用して保護者にも見てもらいましょう。

　折り紙は、角がない丸折り紙からスタート。折ることを一人ずつ伝え、楽しい製作活動になるようにしていきます。

　「何を作っているのかな？」「早く作りたいな」と期待がもてる時間になるといいですね。一つひとつできることが増えていく喜びを感じながら、クリスマス製作を行います。

今月の保育ピックアップ

保育者の援助

鼻水が出たときは

子どもが鼻水を出しているときは、「鼻水が出ているよ」と声をかけます。すると、ティッシュを取りに行き、鏡で鼻を見ます。うまくできないこともありますが、子どもなりにいっしょうけんめい拭きとっているので、「上手だね」とほめ、「仕上げは先生ね」と声をかけながら拭き取ります。冬場は乾燥するので加湿器も忘れずに！

保育者の援助

「なんで？」とたずねられたら

生活のなかで起こる出来事と言葉が結び付くようになります。子どもに「なんで？」とたずねられたら、できるだけわかりやすく答え、想像力が伸ばせるようなやりとりを心がけます。

12月のテーマ

寒さに負けず戸外に出て、
全身を使って遊び
元気に過ごす。

子どもの活動

寒さに負けず元気に遊ぼう

園庭や近隣の公園で、かけっこや「あぶくたった」など体をできるだけ動かして遊びます。また、三輪車がこげるようになり、友達と「お買い物に行こう」と誘い合って、ごっこ遊びも始まります。

これもおさえたい！

友達を見て気づく

遊びのなかで友達がしていることが気になり、自分も入れてもらったり、いっしょにまねして遊んでみたりするようになります。その経験を重ねると「着替えるんだ！」「トイレだった！」など、生活面での気づきも増えていきます。

12月 月週案

前月末の子どもの姿
- 戸外遊び後の手洗いが習慣づいてきて、自分からやろうとする。
- 自分の作った物を見てもらいたいという気持ちをもつ。
- 少しずつ自分の気持ちを言葉で伝えられるようになる。

月前半（第1～2週）

ねらい		●寒さに負けず戸外へ出て全身を使って遊び、元気に過ごす。 ●友達と見立て遊びを楽しむ。
活動内容	養護	●ボタンの掛け外しやファスナーの開閉を自分でしようとする。 ●ガラガラうがいとブクブクうがいの違いを確認する。 ●苦手な食べ物も自分から食べられるようになる。
	教育	●乳児用の平均台でサーキット遊びを楽しむ。 ●簡単な約束を守ろうとする。 ●トンネルや巧技台など、全身を使った遊びを楽しむ。 ●着替えた洋服をたたんで、自分のかばんに入れる。
保育者の援助と環境構成		●サーキット遊びや巧技台などで楽しく遊べるように事前準備をしっかり行い、危ない物がないか環境設定に十分気をつける。 ●うがいの見本を見せることで、ガラガラとブクブクの違いを知らせる。

個別配慮

Aちゃん
- サーキット遊びは得意ではないが、やろうとする。
- 自分からトイレに行く。
- 着替えを介助しようとすると嫌がり、できないところも時間はかかるが自分でやろうとする。
- ＊サーキット遊びは危なくないようにそっと手を添え、楽しんでできるようにする。
- ＊排尿できたときは、ほめて自信につなげていく。

Bくん
- 体を使った遊びが好きだが、できないこともやろうとする。
- 自分でできることでも「やってー」と甘えて言ってくるが、少し手伝うと自分でできる。
- 遊びに夢中になると漏らしてしまうことがある。
- ＊危ないことはけがにつながるので、約束事をきちんと伝える。
- ＊甘えを受け止めながらも少し手伝うことで、子どもが安心できるようにする。

保育資料

【うた・リズム遊び】
・あわてんぼうのサンタクロース　・クリスマスのかねが

【自然遊び】
・雑木林の探検　・イチョウの葉拾い

【運動遊び】
・巧技台　・マット運動　・サーキット遊び

【表現・造形遊び】
・新聞遊び（ちぎる）　・クリスマス製作（はさみ・のり）
・楽器遊び

【絵本】
・くれよんのくろくん

今月の保育のねらい

- 生活や遊びを通して、友達といっしょに遊ぶ楽しさを知る。
- できないところを手伝ってもらいながら、身の回りのことを自分でしようとする。

行事予定

- クリスマスお祝い会
- 誕生会
- 子どもクリスマス会

月後半（第3～4週）

- 集団遊びを通して簡単な約束事を知る。
- 好きな絵本を見て、感じたことを言葉で表現する。

- 嫌がらずにトイレに行く。
- 裏返しの衣服を直そうとする。また、できないときは「やって」と伝える。
- 生活リズムがわかり、簡単に見通しがつくことは自分でやろうとする。

- 行事に参加し、いっしょに歌をうたって楽しむ。
- 保育者の仲立ちで順番の意味がわかり、守れるようになる。
- 取り合いになると言葉で解決しようとする。

- 行事で楽しんでうたえるよう、日々のなかに歌を取り入れていく。
- 近くで見守りながら順番がわかるよう仲立ちし、子どもの気持ちを大事にする。
- 子どもたちの小さなサインを見落とさないよう、できないところはそっと声かけをして自分で言えるようにする。

今月の食育

- 食材の名前を知る。
- 保育者や友達と楽しく食事をする。

保護者支援・地域との連携

- 家族で楽しんでクリスマス会に参加してもらえるよう、声をかける。
- 歯磨きの習慣がつくように、家族でいっしょに歯磨きを始めてもらう。

職員間の連携

- 安心した環境設定ができるよう、日々の保育についてしっかり話し合う時間を取る。
- おもちゃの準備や安全な環境設定ができているかを、複数人で確認し合う。

自己評価の視点

子どもの育ちを捉える視点
- 楽しくサーキット遊びに参加できていたか。
- ガラガラうがいの意味が理解できたか。
- 完食できる喜びを味わえたか。
- 楽しんでクリスマス会に参加できたか。

自らの保育を振り返る視点
- 安全な環境設定ができていたか。
- 水回りがぬれていないか、こまめにチェックしていたか。また、滑らないようきちんと掃除ができていたか。
- 色に興味がもてるように遊びのなかに取り入れていけたか。

9・10・11・12月 日案

10月26日（金）

前日までの子どもの姿	●友達と簡単な言葉のやりとりをしながらごっこ遊びを楽しむ。 ●手洗いなどで順番がわからずトラブルになることがある。

ねらい	主な活動
●「貸して」「順番」を知る。 ●簡単なルールのある遊びを楽しむ。	●作品展の製作（フィンガーペインティング） ●椅子取りゲーム

時間	子どもの活動内容	保育者の援助	環境構成など
7：00	●早番受け入れ	●連絡帳で体調を確認し、保護者から家庭での様子を聞き、笑顔で受け入れをする。	●受け入れ時に保護者とトイレに行ってもらって、出たかどうかを聞いておき、タイミングをみながら声をかけていく。
9：00	●お片づけ ●トイレ・おむつ交換・手洗い	●子どもに声をかけ、いっしょに片づける。 ●おむつにおしっこが出ていない子はトイレへ誘う。	
9：20	●おやつ ●うがい・手洗い ●トイレ・おむつ交換	●お菓子の袋を自分で開けられないときは「開けて」と言うことを、子どもに伝える。 ●隣の部屋に、フィンガーペインティングの準備をする。	●おやつを食べ始めたら、絵の具を使いやすいよう、テーブルごとに3色ほど出しておく。
9：45	●見本を見て、保育者といっしょにフィンガーペインティングをする。 ●ままごと・ブロック・プラレールなど、コーナー遊びを楽しむ。	●3名ずつ、順に製作活動をする。 ●順に行っていくので室内でコーナー遊びを準備し待てるようにする。途中トイレへ誘う。 ●絵の具を使用することを事前に保護者に伝え、汚れてもよい服で登園してもらう。 ●楽しんで製作できるよう、やる順番や人数を担任間で話し合っておく。 ●コーナー遊びの中で言葉のやりとりができるよう、代弁したり、仲裁したりしながら子どもたちが会話を楽しめるようにする。	●できた作品は乾かして、帰りに保護者が見られるよう、廊下に掲示する。 ●製作を見る人、待っている子を見る人と、役割を職員間で決めておく。

時間	子どもの活動内容	保育者の援助	環境構成など
11：20	●手洗い・トイレ・おむつ交換 ●食事	●手洗いを見守り、洗う順序の声かけをして、しっかりと洗えるよう援助する。 ●メニューによって、エプロンを使用するようにする。 ●苦手なものも、少量でも食べられるよう励ましながら自分で食べられるようにしていく。 ●フォークの持ち方を一人ずつ見て、下持ちでしっかり持てるようにしていく。	●後半はエプロンを使用しないので、いつでも使えるよう、保護者に引き出しに入れて準備しておいてもらう。 ●フォークの持ち方やお皿に手を添えること等、確認しながら伝えていく。
12：20	●着替え ●トイレ・おむつ交換 ●午睡	●自分でパジャマに着替える間に、体に発疹等がないかチェックする。 ●子どもたちが自分でパジャマをしまうようになったので、入れ間違えがないかをチェックする。 ●安心して眠れるようトントンする。 ●室温を確認し、ぐっすり眠れるようにする。	●午睡中にかばんの中を１人ずつチェックし、間違いがないか確認する。
14：45	●トイレ・おむつ交換・手洗い ●おやつ ●うがい・手洗い	●起こしたらトイレへ誘い、排尿できるようにしていく。また男児は立ち便器でもできるよう誘っていく。 ●季節の歌や運動会の歌をいっしょにうたいながら、全員がそろうのを待つ。	●おやつが小袋で出る日は、子どもが自分で開けられるよう、少し切り口を作り、開けやすいようにしておく。
16：00	●トイレ・おむつ交換 ●椅子取りゲーム ●室内自由遊び ●順次降園	●椅子取りゲームのルールを簡単にして、ルールをわかりやすく伝える。 ●時間を見て、子どもの排尿間隔に合わせてトイレへ誘う。 ●保護者には、降園時に今日の様子を伝える。	●椅子を減らさず、保育者も一緒に全員座るところから始めてみる。

9・10・11・12月 日案

自己評価のポイント

- ●フィンガーペインティングの準備や、やる順番などを担任間で事前にしっかり話し合えたか。
- ●保護者への伝達を忘れずに行えたか。
- ●椅子取りゲームは、子どもたちがルールを理解し、楽しめていたか。

9・10・11・12月　保育の展開

製作も展示も楽しむ作品展

作品展は、子どもの興味に合わせてテーマを決め、過程も楽しめるようにします。製作から鑑賞までの流れを見てみましょう。

🌸 製作物のテーマを決める

乳児クラス、幼児クラス混合の縦割りのクラス別に製作物の展示を行います。幼児クラスを中心に、何をテーマに行うかを担任間で話し合い、子どもの興味やできることに合わせて保育者が決定します。

🌸 作品と共に過程も展示

同じグループの幼児クラスと飾り方を話し合いながら、よりよく見えるように飾り付けを進めていきます。製作物だけでなく、作っている様子を横に写真や文字で貼り出し、工程が目で見てわかるようにします。個人製作については、誰の作品かがすぐにわかるよう、クラス色の台紙に名前を書いて作品といっしょに並べます。

🌸 製作に取りかかる

担任間で話し合い、テーマに沿って製作する物を決めます。個人で作る物とクラスみんなで作る物、それぞれの製作に取りかかります。
絵の具を使うときは保護者に声をかけ、汚れてもよい洋服を着てきてもらうようにします。

🌸 親子で会話を楽しめるくふう

当日は、子どもと保護者にいっしょに展示室に入ってもらい、会話を楽しめるようにします。職員が数人展示室にいて、作ったときの様子を伝えます。
作品展は土曜日に行う園が多いようですが、展示物はすぐに片づけず、週明けの月曜日の保育中にも再度展示を観られるようにします。

おいもパーティー おいもパーティーで秋を満喫

当園では、園庭でおいもを育てて、秋には収穫しておいしくいただきます。計画から栽培、収穫まで、子どもたちと楽しみながら行います。

❀ さつまいもの栽培からパーティーまで計画

春にさつまいもの苗を植え、5歳児を中心に草取りや水やりをして世話をし、秋になったら全園児でおいも掘りをし、調理しておいもパーティーを開く計画をします。

保育者は作業の過程について把握しておき、収穫の時期になったら調理担当の職員と連携し、パーティーの準備を進めます。

❀ 生長を見守る

さつまいもの生長を見守ります。苗の植え付け、水やり、雑草取りなどは5歳児を中心に行いますが、2歳児が参加できる場面を考えて体験させると、園庭で遊ぶときに、苗がどこまで生長したかを見ることがより楽しみになります。

❀ おいも掘りを楽しむ

通常の保育の一環として、全園児でさつまいもを掘ります。掘ったいもに触って大きさや形を実感してもらい、そのいもでおいもパーティーをすることを伝えます。

❀ みんなでおいもパーティー

5歳児がおいも券を作成し、事前に各クラスに配布してくれます。

当日は全園児園庭に集まり、みんなで歌をうたったり、さつまいもが育つまでの話を聞いたりします。おいもやさんにふんした5歳児のところにおいも券を持って行き、調理したいもと引き換えてもらいます。「自分たちで作ったいもはおいしいね」など、喜びを感じ合いながら食べます。

9・10・11・12月 保育の展開

9・10・11・12月　保育の展開

季節の健康

インフルエンザを防ぐために

毎年流行するインフルエンザ。予防接種を勧めたり、出席停止期間を正確に伝えたりして、園内での感染拡大防止に努めます。

予防接種について

保護者から予防接種を受けるべきか聞かれた際は、かかりつけの病院で相談して受けるよう勧めましょう。

インフルエンザの予防接種をしても罹患することがありますが、その場合は症状が軽く済む場合も多いようです。各家庭に罹患表を配布し、予防接種の有無、インフルエンザの罹患などを記入してもらいます。

また、職員もできるだけ予防接種を受けます。

インフルエンザの症状が出たら

インフルエンザの罹患者が園内で出たときは、自治体の規定に従って保健所へ連絡します。

また、子どもにインフルエンザの症状が出たときは、保護者に連絡し、速やかにお迎えをお願いするようにします。

園内感染を防ぐには

罹患者が出た場合は、保健師を中心に職員で園内を消毒し、ウイルスが蔓延しないようにします。子どもたちはもちろん職員の手洗い・うがいを徹底するほか、玄関にアルコール消毒剤を用意し、お迎えの保護者にも消毒をしてもらいます。

インフルエンザの出席停止期間

「発症後5日」を経過し、かつ「解熱後3日」という出席停止期間の基準をわかりやすく表にして掲示し、保護者に周知します。

小学生（発症後5日かつ解熱後2日）と乳幼児では出席停止期間が異なります。保護者に聞かれたときにはしっかり答えられるよう、把握しておきましょう。

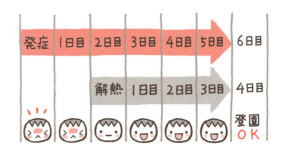

季節の変わり目も健康に

季節の健康

季節の変わり目は体調を崩しがちです。調整しやすい服装や着脱しやすい衣服について、配慮のポイントを保護者と共有したいですね。

気温に応じて衣服を調整

季節の変わり目は暑かったり寒かったりする日があるので、いつでも調整できるよう半袖・長袖の両方を準備しておいてもらうよう、保護者にお願いします。園庭用にはトレーナーなど、動きやすく自分で着脱しやすい上着を準備してもらいます。

肌着は汗を吸うので必ず着るように、保護者だけでなく子どもたちにも伝えます。

寒い時期に備えて上着かけを用意

寒くなると登降園の際や園庭に出るときに上着の脱ぎ着をするので、それらをかける場所や用具を準備します。

罹患表を記入してもらい健康チェック

年4回など回数を決めて保護者に罹患表を返し、予防接種や健診の項目の記入をお願いします。保健師は再度集めた罹患表をチェックし、自治体による健診や予防接種を受けていない子どもの保護者には個別で声かけをし、受診するよう勧めます。

保健だよりを活用

毎月の保健だよりで、そのときに流行している感染症を取り上げます。その際、保護者から感染症への理解や協力を得られるように、感染経路や対策などといった、具体的な情報提供も行います。

9・10・11・12月 保育の展開

9・10・11・12月 保育の展開

秋の散歩と防災

9月1日の防災の日には、引き取り訓練を行います。また、災害時の対応などをお知らせするモバイル一斉メールは、定期的にテストをしましょう。

散歩 歩くこと自体を楽しむ

　残暑が厳しい日は散歩を控え、園庭の木陰で遊べるようにします。秋の過ごしやすい気候になったらできるだけ散歩に出る回数を増やし、歩くこと自体を目的にして距離を延ばしていきましょう。

散歩 公園でのマナーと約束事

　公園は公共の場です。公園内で遊んでいる子どもがいる場合は、付き添いの保護者に一声かけてから遊ばせます。
　遊ぶ前には子どもたちを集め、他に遊んでいる子どもがいることを知らせ、公園で遊ぶときの約束事を確認します。知らない人にはついて行かない、公園の外には出ない、（他の子どももいるので）ぶらんこなどの遊具を使うときは順番に並ぶなどを話しますが、一度にたくさん伝えるとわからなくなるので、短くわかりやすく伝えることを心がけます。

防災 引き取り訓練

　引き取り訓練では、お迎えが来るまで落ち着いて待てるような保育の方法をとるようにします。また、保護者を待っている間に、クラスにある防災リュックに入れた物や備蓄品の中身を子どもに見せ、地震や火事が起きても大丈夫であることを伝えます。安心できる環境作りに努めましょう。

防災 モバイル一斉メール

　きちんと通知ができるかなどの確認のため、保護者にはモバイル一斉メールを定期的に送ります。

運動会に向けた取り組み

日々の遊びからの体作りをもとに、運動会に向けての活動を、楽しみながら行っていきます。

🌸 日常の保育で体作り

2歳児になると全身を使って遊ぶ時間が増えてきます。普段から巧技台や平均台、跳び箱などを使って、体作りを大切にします。一人ひとりの動きなどを把握し、できた喜びが感じられるよう、巧技台や跳び箱の高さの調整を行います。

🌸 かけっこに挑戦

「よーい、どん！」でスタートし、ゴールまで走りきることを伝えます。競争心が芽生え、子どもの気持ちがおさまらないこともありますが、受け止めながら練習していきます。

🌸 親子競技は子どもの よいところを出す

子どもたちの様子を見ながら、担任間でどんなことができるかを話し合い、跳んだりくぐったり、バランス遊びをしたりと、子どものよいところが出せる競技を決めていきます。また保護者に楽しんでもらえるよう、触れ合いを大事にしてプログラムを決めます。

🌸 園全体で楽しめる運動会に

5歳児にゴールテープを持ってもらうなど、園全体で楽しめる運動会にします。そのため、クラス単独で動くのではなく、何をするにも他クラスと連携し、クラスの子どもたちの様子を他の保育者、子ども、保護者などに伝えながら準備を進めていきます。

9・10・11・12月 保育の展開

月週案 ………… p94
日案・
保育の展開 …… p104

子どもの姿と保育のポイント

寒い日も戸外で元気に遊ぼう

　正月休み明けは、子どもたちが休み中の出来事を保育者や友達に話したがってにぎやかです。語彙数も増え、いっしょうけんめい話す姿に成長を感じます。
　寒さのあまり室内で過ごすことが多くなりますが、できるだけ上着を着て戸外で遊ぶ時間を取りましょう。
　ルールのある集団ゲームを始めると、「ぼくもやりたい」と集まってきます。しっぽ取りや色鬼、かけっこなど、できるだけ体を動かすものを取り入れるようにします。また、あぶくたったやかごめかごめなどの伝承遊びもわかるようになり、友達と遊ぶ楽しさを知ります。集団遊びはまだまだ保育者の力が必要なので、いっしょに遊ぶなかで楽しさを知らせていきます。

食に対する興味を育てる

　2歳児になると食べ物の好き嫌いがはっきりし、見た目で「食べない」と言うようになる子も。好きな食べ物はおかわりしてでも食べたいけれど、嫌いな食べ物は口を開けようともしません。
　そんなときは栄養士さんに3色食品の話をしてもらうのもよいでしょう。少し難しいかもしれませんが、「お肉を食べると元気になるよ」などとわかりやすく話してもらうことで、食べ物への興味が湧きます。その日の給食ではおかずをじっと見つめながら口へ運ぶ子も。専門の先生に話をしてもらう時間も大事ですね。
　季節の食べ物も子どもたちに知らせていきたいので、果物や野菜が出たときは、調理室から食材を借りてきて子どもたちに見せたりします。1月7日には七草を玄関のところに飾ると、帰りに保護者と話をしながら見ていく子どもの姿も見られるでしょう。目で見ることから始めてみましょう。

今月の保育ピックアップ

新要領・新指針の視点で

子どもの活動
かるたやお手玉を保育者といっしょにやってみる

簡単な正月遊びにチャレンジします。かるたなら文章を読むのではなく「りんご」「てぶくろ」などの絵柄を見つけるだけでも楽しめますし、お手玉は保育者のまねをして上に投げてみるだけでも十分です。投げてキャッチできたらすごいですね。年齢に合った遊び方を楽しみましょう。

子どもの活動
季節の料理を味わう

年明けは給食に正月料理を1品ずつ出してもらい、みんなで味わいます。また、七草がゆを食べたり、餅つきに参加するなど冬の季節の料理を知る機会をもちます。

1月のテーマ

保育者や友達との触れ合いのなかで、安心して過ごせるようになる。

子どもの活動
異年齢交流の機会を

小さな友達や、幼児クラスのお兄さんお姉さんといっしょに散歩へ。小さい子とは優しく手をつなぎ、幼児クラスとの散歩は新しい発見がたくさん。冬の遊び（氷・霜柱・影遊びなど）をいっしょになって楽しみ、自然に交流ができます。縦割り保育の機会を大事にしましょう。

これもおさえたい！
イメージを共有しながら…

友達や保育者と、童話や絵本の内容を共有できるようになってきます。「お姫様は○○○なのよ」「そうだよね」とイメージを共有でき、会話が増えていきます。「入れて」と言っていっしょに遊ぶ子も増え、ごっこ遊びの子の輪も広がります。保育者は見守りつつ、そっと手を差し伸べたいですね。

1月

1月 月週案

前月末の子どもの姿
- 天気のよい日は戸外に出て、全身運動を楽しむ。
- 自分で排尿を知らせ、自分からトイレに行く。

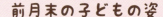

月前半（第1～2週）

ねらい
- 戸外から戻ったらせっけんをつけて手を洗い、うがいをする。
- 簡単な当番活動を取り入れていく。

活動内容

養護
- 友達といっしょに当番活動（朝の会、帰りの会、いただきますの挨拶）をする。

教育
- 幼児クラスと散歩に行くなど、異年齢児交流を楽しむ。
- お手玉や福笑いなど簡単な正月遊びを、保育者や幼児クラスの子どもたちといっしょに楽しむ。
- 公園や園庭で冬の自然に触れ、興味をもつ。
- 音楽に合わせて踊ったり、体を使った表現をしたりする。
- 簡単な決まりを守ろうとする。

保育者の援助と環境構成
- 幼児クラスと交流を増やし、進級に向けて期待がもてるようにする。
- 正月遊びは、手本を見せながらいっしょに楽しめるよう準備しておく。
- 暖かい日には散歩に出かけ、楽しめるようにする。霜や氷などにいっしょに触れ、興味がもてるようにする。

個別配慮

Aちゃん
- 休み明けで少し泣いたが、休み中の話を聞くとうれしそうに話す。
- ひも通しやプラスチックチェーンに興味があり、「チェーンやりたい」と自分の思いを保育者に言葉で伝えられる。
- 寒くなってきたからか、戸外より室内を好む。
- ＊安心して受け入れできるよう、子どもの話にしっかり耳を傾ける。
- ＊指先を使って遊ぶおもちゃを準備し、楽しみながら次に挑戦できるおもちゃがあることも知らせていく。

Bくん
- 休み明けも変わらず登園し、休み中の出来事を自分から楽しそうに話す。
- 保育者や友達とかるた遊びを楽しみ、何枚取れたかなど枚数にも興味を示す。
- ＊会話を十分に楽しめるよう、友達と関わる時間を大切にする。
- ＊いっしょに数を数えたり、色をクイズに出してみたりなど、興味があることをできるだけ遊びに取り入れていく。

保育資料

【うた・リズム遊び】
- ゆき　・お正月さん

【自然遊び】
- 雪遊び

【運動遊び】
- 椅子取りゲーム　・お風呂に行こう　・しっぽ取り
- 色鬼　・あぶくたった　・かごめかごめ

【表現・造形遊び】
- じゃんけん遊び　・かるた遊び　・お手玉
- 福笑い（正月遊び）

【絵本】
- グリーンマントのピーマンマン

今月の保育のねらい

- 保育者や友達といっしょに正月遊びやごっこ遊びを楽しむ。
- 生活のなかで、自分でできることを喜んでする。
- 雪や氷などの冬の自然に触れたり、体を十分に動かしたりして遊ぶ。

行事予定

- 新年子ども会
- お餅つき
- 誕生会

月後半（第3〜4週）

- 遊びのルールを知り、それを守って遊ぼうとする。
- 生活のなかで数を数えてみる。

- 利き手にフォークやスプーンを持ち、もう片方の手は茶碗や食器に添える。
- 女の子はパンツやズボンを足首まで下ろして座り、排尿する。
- 自分で鼻をかむ。

- 身の回りのことが自分でできるということに自信をもち、最後まで1人でやろうとする。
- 「なぜ？」「どうして？」の質問が多くなる。

- 生活や読み聞かせなどの活動のなかで数を数える機会を設け、数に関心がもてるようにする。
- 保育者といっしょに鼻をかむことで、自分でできたと自信がもてるようにする。

今月の食育

- 友達と楽しく食事をする。
- 立ち歩かないなど、簡単な食事のマナーを知る。
- 最後までフォークやスプーンで食事をする。

保護者支援・地域との連携

- 休み明けは生活リズムが乱れがちなので、規則正しい生活を心がけてもらう。
- 風邪など流行性の病気が出てくる時期なので、体調に気をつけてもらう。

職員間の連携

- 一人ひとりの生活習慣がどのくらい身についているかを見直し、子どもが自信をもって取り組めるようにしていく。
- 正月遊びやごっこ遊びを通して、遊びの幅が広がるようにする。

自己評価の視点

子どもの育ちを捉える視点

- 手洗い、うがいがしっかりできたか。
- 正月遊びに参加して楽しめたか。
- 数に関心がもてたか。
- できるだけ自分のことが自分でできたか。

自らの保育を振り返る視点

- うがいの見本を見せて、やり方を伝えられたか。
- 異年齢児保育のなかで、正月遊びを楽しめるよう展開できたか。
- 数字や色に関心がもてるよう、保育のなかに取り入れられたか。
- 自分のことに自信をもって最後まで取り組めるような援助、声かけができたか。

| 月週案 | p98 |
| 日案・保育の展開 | p104 |

子どもの姿と保育のポイント

話したいことがたくさんある

友達や保育者にたくさん話を聞いてもらいたい時期です。一人の子が話し始めると、負けじと隣の子も話し始め、「ぼくの話を聞いて」「私の話を聞いて」とにぎやかになります。

一人ずつ話を聞こうとすると保育者の膝の上は争奪戦になりますが、興味があることを言葉で表現できるようになる、この時期の子どもとの会話を大事にし、話す力を伸ばしていきたいものです。

「どうして？」「なんで？」にも一つひとつ答えたいですね。時間がないときの「あとでね」が、子どもたちにとっては"わからない"につながってしまいます。子どもが感じた"そのとき"を大事にしましょう。

かんしゃく……どうしたらいいの？

2〜3歳児でよく見られるかんしゃく。思いどおりにいかない、悔しい、欲しい、やりたいのにできないなど、欲求や不満のコントロールが難しくなって起きるといわれています。

子どもも自分が泣いているうちにどうして泣いているかわからなくなってきます。そんなときは泣きやむまで待って、少し気分転換をしてから話を聞くとよいでしょう。話を聞くと、子どもは笑顔になります。ささいなことかもしれませんが、この時期の子どもたちには大事なことです。

大人はどうしても、かんしゃくを起こされるとイライラしたり怒ったりしてしまうものです。保護者にも、かんしゃくについての話をしておくと、先が見えて安心できるかもしれません。保護者の安定は子どもの安定にもつながるので、保護者とのやりとりも大事にしましょう。

今月の保育ピックアップ

新要領・新指針の視点で

子どもの活動

幼児クラスに少しずつ慣れる時間を作る

園庭遊びでの異年齢交流は引き続き行いながら、幼児クラスとの交流も始めていきます。朝礼に少人数ずつ参加してみたり、幼児クラスの保育室に遊びに行き、そのままいっしょに給食を食べたりして、幼児クラスで実際に生活する時間を作ります。進級する際にできるだけスムーズにいくよう5〜6人ずつ交流し、無理なく「幼児クラスってどんなところ？」を知る大事な時間にしましょう。

子どもの活動

積極的に集団遊びを

園庭でのしっぽ取りやあぶくたったなどを経験し、集団遊びの楽しさがわかるようになってきます。鬼ごっこやだるまさんがころんだなども取り入れ、遊びを深めていきます。まだ集団遊びが苦手な子には、かくれんぼなどに誘い、遊ぶ楽しさを知らせていきましょう。

2月のテーマ

異年齢児と関わりながらみんなで遊ぶ楽しさを味わう。

保育者の援助

前後や表裏に気づくようになる

衣服の前後が逆だったり裏返しになったりしていることに自分で気づく、友達に「反対だよ」と教えてもらうなど、前後や表裏を意識できるようになります。保育者に「やって〜」と言うばかりだった子どもも、「どうやるの？」と聞く姿が見られるようになってくるので、一人ずついっしょに行い、間違ったら直しながら、気づけたことをほめるようにします。

これもおさえたい！

箸への興味が出てくる

箸に興味をもち始める頃ですが、箸に移行する前に、まずはしっかりフォークを下持ちやつまみ持ちで持って、食器に手を添えて食べられるようにします。声をかけて持ち方を知らせていきましょう。

2月 月週案

前月末の子どもの姿

- 絵本のなかの登場人物になって、友達とのやりとりを楽しむ。
- 洋服の前後や表裏を気にしながら着替えようとする。
- 順番を守ったり、交代したりしながら遊べるようになる。

月前半（第1～2週）

ねらい
- 簡単な食事の準備や片づけをする。
- 自分で衣服を着脱し、衣服を畳んでかばんにしまう。

活動内容

養護
- 男の子は排尿時にズボンやパンツを脱がずに、膝下まで下ろして排尿する。
- 下持ちやつまみ持ちでフォークを使って食べようとする。

教育
- 友達といっしょに、園庭の三輪車や手押し車で遊ぶ。
- 幼児クラスが使っている二輪車を見よう見まねで使ってみる。
- 数、形などに興味を示し、違いに気づく。
- 絵本や紙芝居の内容がわかり、イメージをもって楽しみながら聞く。
- 言葉で伝えられるようになり、困ったときも言葉で助けを求める。

保育者の援助と環境構成
- 排尿間隔を把握し、時間で誘いながら無理強いしないようにトイレトレーニングを進めていく。
- 進級に向けて見守りながら、自分でできる喜びが感じられるよう援助する。

個別配慮

Aちゃん
- 集団ゲームが始まると、保育室の隅から様子をうかがう。
- 着替えの時間が早くなり、友達とどっちが早いかを競う。
- 自分の思いどおりにならないときは、保育者を呼ぶ。
- ＊様子を見ながら、子どもが参加したいタイミングで誘う。
- ＊「○○○したかったね」「△△△嫌だったね」と思いを受け止め、子どもの気持ちを大切にしながら、相手の思いも知らせていく。

Bくん
- 椅子取りゲームが好きで、始まる前から椅子に座りたくて友達を誘う。
- パズルや塗り絵を好み、色もまねて塗っている。
- 食事中、後ろ向きに座ってみるなど落ち着かない。
- ＊ピースが多いパズルや、いろいろな種類の塗り絵を準備する。
- ＊近くで見守りながら、前を向いて食事ができるようそっと声かけをしたり、他の子をほめることで気づけるようにする。

保育資料

【うた・リズム遊び】
・豆まき　・鬼のパンツ

【自然遊び】
・雪遊び　・氷探し　・霜柱探し

【運動遊び】
・しっぽ取り　・椅子取りゲーム
・ハンカチ遊び　・ケンケンパー　・グーパー跳び

【表現・造形遊び】
・豆入れ製作

【絵本】
・3びきのくま

今月の保育のねらい

- 寒い冬を元気に過ごし、戸外で体を動かす。
- 異年齢児との関わりをもちながら、みんなで遊ぶ楽しさを味わう。
- 身の回りのことを自分でできる喜びを感じる。

行事予定

- 節分の集い
- 誕生会
- 生活発表会
- 懇談会

月後半（第3～4週）

- 友達といっしょにごっこ遊びを楽しむ。
- 色の違いがわかる。

- 戸外遊びのあとの手洗い、うがいの習慣がつく。
- トイレで排便し、自分で拭こうとする。

- 保育者や友達と季節の歌や手遊びを楽しむ。
- 自分の気持ちを言葉で表し、伝わらないときは保育者に助けを求める。
- しっぽ取りや椅子取りゲーム、ハンカチ落としを楽しむ。

- 排便後は手を添えていっしょに拭き、拭き方を伝えていく。
- ルールをわかりやすく説明し、楽しんでできるよう簡単なことから始める。無理強いせず、嫌がる子はいっしょに見守る。

今月の食育

- 行事食を楽しむ。
- 簡単な食事のマナー（フォークを刺したままにしないなど）を知る。

保護者支援・地域との連携

- 保育参観、保育参加、懇談会、発表会に参加してもらい、1年間の成長の様子を伝え合う。
- 風邪などの感染症が流行する時期なので、子どもの健康状態を伝え合い、早めの治療を心がけてもらう。

職員間の連携

- 手洗い、うがいをこまめに行い、感染症予防に気をつける。
- 気候や運動量によって衣服の調整をし、動きやすいようにする。
- 発表会に向け、保育のなかで無理なく進めていく。

自己評価の視点

子どもの育ちを捉える視点

- 行事の意味を知り、楽しく参加できたか。
- 絵本や紙芝居のイメージがもてたか。
- 集団ゲームに楽しく参加できたか。
- 友達と楽しんで食事ができているか。

自らの保育を振り返る視点

- 行事の意味をわかりやすく伝えられたか。
- 子どもがイメージしやすい絵本を選べたか。
- ゲームのルールを担任間で共通理解し、わかりやすく説明できているか。
- 食事のマナーを伝えつつも、楽しんで食べる空間作りができたか。

月週案 ………… p102
日案・
保育の展開 …… p104

子どもの姿と保育のポイント

進級は子どもも大人もドキドキ

　進級を喜ぶ子どももいれば、保育室や担任が変わることを不安に思う子どももいます。特に乳児から幼児への進級は今までとは気持ちが違います。できるだけ幼児クラスの朝礼や遊びに参加し、同じ空間で過ごす時間を増やしていけるといいですね。
　不安な気持ちは保護者も同じです。子どもたちより保護者のほうが、不安が大きいと思います。担任の人数が減るので、「ちゃんと見てもらえるのかな？」「泣かないかな？」「先生の話していることを理解できるかな？」など、挙げればきりがないでしょう。その気持ちに寄り添い、一つひとつに応えることで保護者の不安をなくし、進級に向けて心を合わせていくことが大切です。

1年間を振り返って

　担任間で子どもたち一人ひとりの振り返りをし、1年間の成長を話す時間を作ります。3歳児になったときの目安をもてるといいですね。保育者自身の保育の確認にもつながるので、年度末の振り返りの時間は大事にしましょう。
　振り返った内容は書類に記入し、新担任や他クラスの保育者、早番遅番の保育者が見てもわかるようにします。保育者間の共有が大事です。しっかり共有をしていないと、保護者との信頼関係も崩れてしまいます。書類の記入などの仕事が増えるこの時期だからこそ、一人ですませてしまうことはせず、話をする時間を大切にしたいですね。

今月の保育ピックアップ

新要領・新指針の視点で

子どもの活動
身の回りのことができるように

衣服の着脱や、食事、排泄をほぼ一人でやろうとします。できないところはさりげなく介助しながら、できたことへの自信につながるようにしていきます。子どもたちはほめられるとうれしく、また友達がほめられていると、自分もほめてほしくていっしょうけんめいがんばる姿を見せてくれます。友達の存在が刺激になり、よい関係性が作れる時期でもあります。

子どもの活動
新しい保育室に親しむ

新しい幼児クラスの保育室にあこがれる子どもたち。遊びに行くたびに目を輝かせます。安心して進級できるよう、担任間で話をし、しっかりと引き継ぎの準備をします。

3月のテーマ

1つ大きいクラスになることを楽しみにし、身の回りのことができることに喜びを感じる。

保育者の援助
手洗い・うがいの徹底

まだまだインフルエンザに感染する子どもが出る時期なので、園内消毒はもちろん、子どもたちの手洗い・うがいも徹底します。担任が複数いるときには、できるだけ一人ひとりに目を向け、個別にしっかり対応するようにします。

これもおさえたい!
順番を意識する

順番がわかるようになってきた子どもたちも、少し考えて割り込みをしてみたり、ちょっとうそをついてみたり……。いろいろ考えながらあの手この手でやりたいことをしようとします。友達との遊びのなかで、たくさん考えながら成長していきます。

3月 月週案

前月末の子どもの姿

- 進級を心待ちにしながら、身の回りのことを意欲的にしようとする。
- いろいろな場所に散歩に行って楽しむ姿がある。
- はさみを使って紙を切ることを楽しむ。
- 週末の出来事を保育者や友達に話す。

月前半（第1〜2週）

ねらい
- 尿意や便意を感じたら自分からトイレに行こうとする。
- 自分のロッカーから衣服を出そうとする。

活動内容

養護
- 完食できた喜びを知る。
- 排便の際に自分で拭こうとする。
- ボタン掛けやファスナーの上げ下ろしを自分でやろうとする。

教育
- ルールのある集団遊びを楽しむ。
- 異年齢児といっしょに散歩や交流を楽しむ。
- 春の歌をうたったり、楽器を鳴らしたりして楽しむ。

保育者の援助と環境構成
- 自分で食べたい気持ちを大切にし、一人ひとりに応じた援助をする。
- ロッカーを開けやすくし、保護者には子どもが取りやすいように入れてもらうことを伝える。

個別配慮

Aちゃん
- 幼児クラスになることが不安で、異年齢交流でも保育者のそばから離れられない。
- はさみを使うことを喜び、1回切りを楽しんで何度も挑戦する。
- ＊新しい環境に不安があるので、保育者のそばで安心して過ごせるよう担任間で十分に話し合い、子どもの思いや不安に寄り添う。
- ＊じっくり座って遊ぶことを好むので、はさみや折り紙など新しいことにもいっしょに挑戦してみる。

Bくん
- 姉がいることもあり、異年齢児交流が楽しみで進級を心待ちにしている。
- 体を動かす遊びを好み、鉄棒や巧技台にも張り切って参加する。
- ＊期待する気持ちを大切にし、楽しく過ごせるよう見守る。
- ＊なにに対しても意欲があり、張り切りすぎてけがにつながることがあるので、事前に声をかけながら、けがには十分気をつけるよう知らせていく。

保育資料

【うた・リズム遊び】
・大きくなったら　・はるがきた　・リトミック

【自然遊び】
・桜の花びら集め　・テントウムシ探し

【運動遊び】
・豆つかみ（トング・箸）　・巧技台
・オオカミさん今何時？

【表現・造形遊び】
・輪つなぎ（のり・はさみ）　・紙吹雪（はさみ）

【絵本】
・おおきくなった！

今月の保育のねらい

- 基本的生活習慣がほぼ身につき、身の回りのことを自分でしようとする。
- 自分の気持ちや見たり聞いたりしたことを、保育者や友達に話す。

行事予定

- ひな祭り
- お別れ会
- 誕生会

月後半（第3～4週）

- 進級を楽しみに待つ。
- 友達同士の関わりが増え、楽しく遊ぶ。

- 布団に横になると一人で寝つくことができる。
- 自分で手洗いやうがい、鼻をかむことができる。

- ごっこ遊びのなかで日常生活の言葉を楽しみながら使う。
- 順番や交代の意味がわかり、自分たちで代わろうとする。
- 跳んだり上ったりくぐったりと、全身を使った遊びを楽しむ。
- 幼児クラスの部屋で過ごし、いっしょに体験させてもらう。

- 幼児クラスに期待がもてるよう、無理のない範囲で異年齢児保育に参加できるようにする。
- 絵本や紙芝居など同じ個所を聞きたがるときは、満足するまで繰り返し読み聞かせをする。
- 絵本などを読み聞かせるなかで、物の色や数なども知らせていく。

今月の食育

- 食材の名前を知る。
- いただきます、ごちそうさまの挨拶をする。

保護者支援・地域との連携

- 子どもは、進級することに喜びを感じている反面、不安に思っていることも伝え、安定した生活を送れるよう家庭と連絡を取り合う。
- 寒暖に応じた衣服を準備してもらう。

職員間の連携

- 子どもたちが不安にならないように、幼児クラスと連携しながら異年齢児保育についてよく話し合う。
- 子どもの言葉にしっかり耳を傾ける。
- 一人ひとりの生活や様子を記録し、次のクラスへ引き継ぐ。

自己評価の視点

子どもの育ちを捉える視点

- 園庭や戸外で体を動かして過ごせたか。
- 友達や保育者に自分の思いを伝え、相手の思いも聞こうとしていたか。
- 幼児クラスの保育室を知ることができたか。

自らの保育を振り返る視点

- 体を動かせる内容を担任間で十分に話し合い、保育に取り入れられたか。
- 子どもの話したい気持ちを大切にし、会話に耳を傾けて、遊びをあたたかく見守れたか。
- トイレや幼児クラスの保育室に、無理強いせずに誘うことができたか。

1・2・3月 日案

1月31日(木)

前日までの子どもの姿	●好きな遊びを通して、気の合う友達を誘って遊ぶ。 ●フォークを下持ちやつまみ持ちで持って食べる。

ねらい	●遊びを通じ友達の気持ちに気づく。 ●自分で尿意を感じ、トイレへ行く。	主な活動	●園庭遊び ●お正月遊びや冬の遊び

時間	子どもの活動内容	保育者の援助	環境構成など
7:00	●早番受け入れ	●連絡帳で体調を確認し、保護者から家庭の様子を聞き、笑顔で受け入れをする。	●感染症がはやる時期なので、視診・触診をしっかり行う。
9:00	●お片づけ ●トイレ・おむつ交換・手洗い	●子どもに声をかけ、いっしょに片づける。 ●おむつにおしっこが出ていない子はトイレへ誘う。	
9:20	●おやつ ●うがい・手洗い ●トイレ・おむつ交換	●お菓子の袋を自分で開けられないときは「開けて」と言うことを、子どもに伝える。	●子どもの声に耳を傾け、サインを見逃さないようにする。 ●パンツの子は幼児組のトイレを使用し、慣れるようにする。
9:45	●自分で帽子をかぶり、順に園庭に出る。 ●園庭遊び ・霜柱・氷に触れる。 ●幼児クラスといっしょにお正月遊びをする。	●自分で靴が履けるよう見守る。サイズ等が合っているか確認し、履きやすい靴を家庭で準備してもらう。 ●園庭の芝生に霜柱ができている日は、子どもたちを誘い、いっしょに見たり触れたりしてみる。 ●前日にバケツに水を張り、氷ができたときは数人ずつ呼び、触れる時間をもつ。 ●幼児クラスがお手玉やこまで遊んでいる姿を見るなかで、だんだん興味が湧いていっしょに体験するようになるなど、お正月遊びに触れる時間を大切にしていく。	●いっしょに霜柱に触れたり、バケツに氷を入れたりして、皆で楽しめるようにする。 ●他クラスにも声をかけ、バケツに氷を作っていることを伝えておく。 ●簡単なお正月遊びを楽しめるように準備する。 ●靴を自分のところにしまえているか、保育者が最終チェックをする。

時間	子どもの活動内容	保育者の援助	環境構成など
11：30	●手洗い・トイレ・おむつ交換 ●食事 ●着替え ●トイレ・おむつ交換	●手洗い後にガラガラうがいをすることを教え、風邪の予防に努める。 ●フォークの持ち方を一人ずつ見て、つまみ持ちで持てるようにしていく。 ●自分でパジャマに着替える間に、体に発疹等がないかチェックする。 ●子どもたちが自分でしまうようになったので入れ間違えがないかをチェックする。	●子どもといっしょにガラガラうがいをし、ガラガラとブクブクの違いを知らせる。
12：30	●午睡	●布団へ入る前に視診・触診をする。 ●室温・湿度を確認し、加湿器にこまめに給水する。	●乾燥する時期なので加湿器のチェックをこまめに行い、週末はしっかり消毒する。
14：45	●トイレ・おむつ交換・手洗い ●おやつ ●うがい・手洗い	●起こしたらトイレへ誘い、排尿できるようにしていく。男児は立ち便器でできるよう、女児は自分でペーパーをちぎれるようにする。 ●季節の歌をいっしょにうたったり、クイズしたりしながら待つ。	●ピアノに合わせて、季節の歌をうたえるようにする。
16：00	●トイレ・おむつ交換 ●室内自由遊び ●順次降園	●時間を見て、子どもの排尿間隔に合わせてトイレへ誘う。 ●手先を使う遊びのおもちゃを用意し、集中して遊ぶ時間とスペースをとる。 ●保護者には、降園時に今日の様子を伝える。	●少人数でパズルやかるた遊びが楽しめるようにする。

自己評価のポイント

●お正月遊びは、事前に幼児クラスで確認し、2歳児でもできるものを取り入れられたか。
●トイレ内を清潔にできているか。
●まだわかっていない子に、ブクブクうがいとガラガラうがいの違いを教えられたか。

1・2・3月　保育の展開

ぺったんぺったん餅つき体験

餅つき

なかなか見ることができない餅つき。まず絵本などで伝え、実際の体験につなげていきましょう。

餅つきを知る

　紙芝居や童話を読み聞かせするなかで、餅つきがどういうものかをイメージしてもらいます。
　また、餅つきに関する歌や手遊びを保育者や友達と楽しみ、遊びを通して餅つきを具体的に知るようにします。

臼や杵に触って餅つきのイメージを広げる

　臼や杵は年末から園庭に置き、毎日洗います。年長児たちが洗っている様子を見たり、実物に触ったりすることで餅つきのイメージをふくらませていきます。保育者は「これでお餅をつくんだよ」などと声をかけましょう。

餅つきを体験

　当日は保護者といっしょに、「ぺったんぺったん」と餅つきを楽しみます。大きな臼と杵でお父さんたちが餅つきをしている姿を見学したり、その横に用意した子ども用の小さな臼と杵で、餅つきを体験したりします。つきたての餅を保護者といっしょに食べ、楽しい時間を過ごします。

節分　子どもに合った豆まきで鬼退治

当園では、鬼を怖がる子に配慮して、子どもにも人気の怪獣や妖怪の絵入りの箱を使った玉入れで、鬼退治をしています。

豆まきはキャラクターを使って

　楽しい豆まきですが、子どもが鬼を怖がって、夜泣きにつながる場合もあります。また小さな豆を口にして起こる事故も心配です。そこで子どもたちに人気の怪獣や妖怪の絵入り箱を用意し、玉入れをしてやっつけるという設定で豆まきをしてみましょう。

　また、1歳児と2歳児合同で、2歳児の部屋に集まって豆まき（玉入れ）を行ってもよいでしょう。まずは2歳児がやって見せます。最後に玉の数をいっしょに数えたり、鬼をやっつけたことを喜んだりします。

鬼を怖がらない子は幼児といっしょに豆まき

　鬼を怖がらない子は、豆を持って幼児クラスといっしょに豆まきをします。鬼にふんした保育者に驚きながらも、3〜5歳児といっしょに鬼に豆を投げるでしょう。少しずつ幼児組の行事に参加することも大事です。楽しくやれる子もいますが、泣き出す子もいるので、その場合は無理せず2歳児の保育室に戻ります。

1・2・3月 保育の展開

季節の健康

生活環境を清潔で安全に

風邪やインフルエンザなどがはやる時期です。手洗いうがい、おもちゃや園内の消毒には、十分気を配りましょう。

🌸 手洗いとうがいの習慣づけ

戸外から帰ってきたら、保育者も子どもといっしょに手洗いとうがいをします。保育者が手洗いとガラガラうがいの見本を見せることで、子どもたちもやり方を覚え、しっかりできるようになります。大事な習慣として身につくようにしていきましょう。

🌸 トイレを清潔に保つ

2歳児はトイレトレーニングでひんぱんにトイレを使いますし、漏らしてしまうこともありますから、トイレは毎日清掃して清潔に保ちます。トイレットペーパーは、子どもが自分でちぎりやすいようミシン目の入っているものを使用します。また、手を洗ったあとは使い捨てペーパーで拭くと清潔でしょう。

もうすぐ進級ですから、戸外遊びのあとは幼児用のトイレを使用するなどして、幼児クラスのトイレに慣れる準備を進めましょう。

🌸 消毒をしっかり行う

おもちゃは週末に消毒し、しっかり天日干しをします。布のおもちゃや人形は洗濯し、天日干ししたあとさらに乾燥機にかけ、しっかり乾燥させます。

廊下や手すりは殺菌剤や消毒剤などを使って毎日拭き、壁も定期的に拭きます。

🌸 誤飲事故に注意

2歳児はまだ何でも口に入れてしまう年齢です。また、小さな木の実を耳や鼻に入れてしまって取れなくなったり、もっと小さな異物をのどに詰まらせたりする危険もあります。日頃から室内はもちろん、戸外でも気をつけながら保育にあたります。

季節の健康

冬から春にかけての感染症対策

感染症予防のために、部屋の温度や湿度に気を配ります。また、発熱や嘔吐への適切な対処も確認しましょう。

室温と加湿に気を配る

温度計と湿度計をクラスの見やすい位置に置き、常に確認しながら温度と湿度設定に気をつけます。また、空調機・加湿器はこまめに掃除するようにします。

感染性胃腸炎への対応

冬から春にかけてはノロウイルスなどによる感染性の胃腸炎が流行します。嘔吐や下痢が主な症状で、それらの処理の際に感染することもあるので、おむつの処理には手袋をはめ、終わったら手洗いとうがいを徹底して行います。

また、各クラスには嘔吐物処理セット（手袋・足袋・ゴミ袋・凝固剤・エプロン）を用意し、嘔吐があったときの保育者の役割分担を決めておきます。嘔吐があったら速やかに子どもたちを誘導し、嘔吐物処理セットで対応します。

感染性胃腸炎の発症者が出たときは、保護者にも知らせます。

発熱は感染症の可能性も

インフルエンザなどの発熱を伴う感染症が多くみられる時期で、他の季節の発熱よりも注意が必要です。体温が平熱より1℃程度高かったり、ぐったりするなど子どもの様子がいつもと違ったら、すぐに保護者に連絡します。

鼻をかむときは保育者がサポート

ティッシュ箱は子どもが取りやすい位置に置きます。まだうまく鼻をかめない子には、保育者が手を添えたり、声をかけながらかめるようにしていきます。鼻水にはウイルスや細菌も含まれているので、戸外でもポケットティッシュを携帯してすぐに拭けるようにします。

1・2・3月 保育の展開

1・2・3月 保育の展開

冬の散歩と防災

冬は室内にこもりやすくなります。日ざしの暖かい日は積極的に外へ出て、体を動かすようにしましょう。

散歩 気候がよい日は散歩に出る

寒い時期ですが、気温を確認しながら、風があまりなく日ざしがある日は散歩に出るようにします。簡単なルールのあるゲームを公園などで行い、体を動かせる遊びを取り入れていきます。

散歩 和式のトイレではサポート

家庭では洋式トイレがほとんどですが、公園のトイレは和式のものが多いので、慣れていなくてうまく使えない子もいます。保育者もいっしょにトイレへ行き、排泄できるようにサポートします。

散歩 水分補給・手洗いを欠かさない

乾燥する時期でもあります。公園にはお茶を持参し、遊んだあとはしっかり水分補給をします。
帰園したあとの手洗いとうがいは、風邪などの感染症予防のために欠かせません。隣で見本を示しながら徹底して行います。

防災 園外への避難も想定する

近くの緑道など園外に避難する可能性もあります。園内だけではなく、園舎の周りの建物の名前と位置関係をしっかり頭に入れておきましょう。どう避難したらよいかを判断し、隣のクラスと避難経路がぶつからないように、声を出し合って確認します。園外に避難する場合を常に想定し、歩行が安定しない子どもはおんぶするなどの対応を担任間で共有しておきます。

防災 避難用靴箱は子どもにもわかりやすく

避難するときの靴は牛乳パックで作った避難用の靴箱に収納します。個人シールを貼って、自分の靴がわかりやすいようにしましょう。

生活発表会

劇遊びを発表会につなげる

子どもたちが大好きな絵本や童話で劇遊びを楽しみましょう。発表会では、保護者とともに成長を喜び合えます。

劇遊びのテーマを決める

1年の成長を劇遊びで発表します。子どもたちの年齢や成長に合ったものを担任間で話し合って決めます。子どもたちが大好きな絵本や童話を題材にして台本を作ったり、劇中でうたう歌を決めたりしながら進めていきます。

保育のなかで劇中曲に親しむ

劇中で使う曲を、日頃から遊んでいる間にできるだけ流すようにします。繰り返し耳にすることで、楽しみながら自然に歌を覚えていくことができます。

子どもにストーリーを伝え、役を決める

劇遊びについて子どもたちに話しながら、どういう役が出てくるかを知らせます。担任が決めた配役を伝えますが、どうしても他の役がやりたいという子がいたら、その役の子どもと話し合い、人数を変更したりしながら調整します。

衣装を用意する

役が決まったらクラスだよりで保護者に伝え、同時に無理のない範囲で衣装を用意してもらうように協力をお願いします。新たに買わなくてもよいように、候補として複数の色を書いておくようにします。家庭にない場合は、園にある洋服で参加できるようにします。

発表会当日は緊張をゆるめる関わりを

朝の受け入れ時はいつもと違う雰囲気にとまどい、泣いてしまう子もいます。担任は子どもが好きなおもちゃを用意する、泣いた子は隣の部屋で落ち着かせるなど事前に話し合い、ゆったりと受け入れられるようにします。緊張する子どもが多いので、いつもと変わらず舞台に立てるように、声をかけてリラックスさせましょう。

1・2・3月 保育の展開

● 要領・指針の改訂（定）と指導計画 執筆　　（掲載順／肩書きは執筆当時のもの）

　寺田清美（東京成徳短期大学 幼児教育科 教授）
　阿部和子（大妻女子大学 家政学部児童学科 教授）
　鈴木八重子（元 文京区立保育園 園長）

● 指導計画、保育の展開 執筆　　（肩書きは執筆当時のもの）

　社会福祉法人 聖マリアの家　**聖マリア保育園**
　（副園長 小田圭子、保育部主任 源 真梨子、保健部主任 長澤茉弓、調理部主任 樋口智子）

カバーイラスト	カモ
カバー、CD-ROMデザイン	株式会社リナリマ
本文イラスト	ヤマハチ、町塚かおり、坂本直子、もりあみこ
本文校正	有限会社くすのき舎
CD-ROM製作	株式会社ケーエヌコーポレーションジャパン
編集協力	株式会社エディポック
本文デザイン・DTP	松崎知子、株式会社エディポック
編集	井上淳子、西岡育子、田島美穂、石山哲郎

役立つ！書ける！2歳児の指導計画
平成30年度施行 要領・指針対応　　CD-ROM付き

2018年 2月　初版第1刷発行
2023年 1月　　　第7刷発行

著　者　　2歳児の指導計画 執筆グループ
発行人　　大橋 潤
編集人　　竹久美紀
発行所　　株式会社チャイルド本社
　　　　　〒112-8512　東京都文京区小石川5-24-21
　　　　　電話　03-3813-2141（営業）
　　　　　　　　03-3813-9445（編集）
　　　　　振替　00100-4-38410
印刷・製本　共同印刷株式会社

©Child Honsha Co.,LTD. 2018 Printed in Japan
ISBN978-4-8054-0268-9
NDC376　26×21cm　112P

> チャイルド本社ホームページ
> https://www.childbook.co.jp/
> チャイルドブックや保育図書の情報が
> 盛りだくさん。どうぞご利用ください。

■乱丁・落丁本はお取り替えいたします。
■本書の無断転載、複写複製（コピー）は、著作権法上での例外を除き禁じられています。
■本書を代行業者等の第三者に依頼してスキャンやデジタル化することは、たとえ個人や家庭内の利用であっても、著作権法上、認められておりません。

【CD-ROMに収録されているデジタルコンテンツの使用許諾と禁止事項】
・本書付属のCD-ROMに収録されているデジタルコンテンツは、本書を購入された個人または法人が、その私的利用の範囲内においてお使いいただけます。
・本コンテンツを無断で複製して、第三者に販売・貸与・譲渡・頒布（インターネットを通じた提供も含む）することは、著作権法で固く禁じられています。
・本CD-ROMの図書館外への貸し出しを禁じます。